ICE CREAM ET CHÂTIMENTS

DU MÊME AUTEUR

CHEZ POCKET

Nickel Blues, 2013
Babylone Dream, 2014

DANS LA SÉRIE « ELVIS CADILLAC »
Elvis Cadillac, king from Charleroi, 2017

DANS LA SÉRIE « MÉMÉ CORNEMUSE »
Les Vacances d'un serial killer, 2012
La Petite Fêlée aux allumettes, 2013
La vieille qui voulait tuer le bon Dieu, 2014
Mémé Goes to Hollywood, 2015
Maboul Kitchen, 2016

DANS LA SÉRIE « LES ENQUÊTES DU COMMISSAIRE LÉON »
Madame Édouard, 2015
La Nuit des coquelicots, 2015
Il neige en enfer, 2016
Le Silence des canaux, 2016

EN GRAND FORMAT

Noirs et thrillers
Monsieur Émile, « Série Noire », Gallimard, 1998
Une petite douceur meurtrière, « Série Noire », Gallimard, 2000
Tequila frappée, Belfond, 2009
Coco givrée, Belfond, 2010, prix de la ville de Limoges

Érotiques
Contes pour petites filles perverses, La Musardine, 2005
Contes pour petites filles criminelles, Tabou Éditions, 2008
Le Bal du diable, La Musardine, 2010
Contes pour petites filles libertines, Tabou Éditions, 2011
Nuits retroussées à Venise, Tabou Éditions, 2011
Les Souliers de Satan, Tabou Éditions, 2012
La Velue, Fragrance, 2014

Jeunesse
Les Fleurs brûlées, Mijade, 2009
J'aime pas les bisous, Mijade, 2010

Long métrage
Madame Édouard, avec entre autres Michel Blanc et Didier Bourdon, 2004

NADINE MONFILS

ICE CREAM ET CHÂTIMENTS

Le Code de la propriété intellectuelle n'autorisant, aux termes de l'article L. 122-5, 2ᵉ et 3ᵉ a, d'une part, que les « copies ou reproductions strictement réservées à l'usage privé du copiste et non destinées à une utilisation collective » et, d'autre part, que les analyses et les courtes citations dans un but d'exemple ou d'illustration, « toute représentation ou reproduction intégrale ou partielle faite sans le consentement de l'auteur ou de ses ayants droit ou ayants cause est illicite » (art. L. 122-4).
Cette représentation ou reproduction, par quelque procédé que ce soit, constituerait donc une contrefaçon sanctionnée par les articles L. 335-2 et suivants du Code de la propriété intellectuelle.

© 2017, Fleuve Éditions, département d'Univers Poche
ISBN : 978-2-265-11637-5

Écrire n'est que litres et ratures.

Antoine Blondin

À Raymond Lansoy - qui fut l'ami de Blondin et me fait aussi l'honneur d'être le mien - qui me ramène chez moi et que je ramène chez lui et qui me ramène chez moi... quand on est bourrés. Parce que Montmartre restera toujours une Commune libre où on aime les plaisirs de la vie.

1

Quand on a tout eu, la gloire dans un feuilleton populaire, la beauté grâce à une gueule de pub pour Nespresso, l'amour avec des stars qui ont foulé le red carpet, et qu'on se retrouve des années plus tard en train de cavaler la nuit, à poil dans les bois, avec une tronche de fraise de Plougastel, y a de quoi penser que la vie est un long fleuve débile.

Joël Bermude haletait. Ses varices lui faisaient un mal de chien. Si au moins on lui avait laissé ses godasses... Il avait les pieds en sang. Il s'arrêta un instant pour reprendre son souffle. À plus de septante balais, il n'avait plus le profil d'un marathonien. Puis ça faisait des lunes qu'il se déplaçait avec une canne dans les couloirs du home Le Rossignol guilleret où il coulait des jours tranquilles jusqu'à ce que...

Les branches des arbres lui fouettaient le visage et il ne sentait plus son corps tellement il avait froid. Il fallait qu'il coure mais son cœur jouait du tambour et il dut de nouveau faire une halte. Il entendit les pas se rapprocher. *S'il me rattrape, je suis mort.*

Entre mourir d'une crise cardiaque et revivre les tortures qu'il avait subies, il n'y avait pas photo. Il se remit à courir, droit devant lui. Et là-bas, tout au bout, il aperçut une route. S'il parvenait à l'atteindre, il était sauvé !

C'est là que, même si tu crois pas en Dieu, tu récites ton chapelet, et si tu ne te souviens plus des paroles, tu dis n'importe quoi et tu jures tous les saints pour qu'ils te filent un coup de main. Sauf que ces enfoirés ont souvent d'autres chats à fouetter, et toi tu te retrouves avec ta pomme dans la mouise. Mais Joël Bermude avait encore un peu de ressources et il finit par atteindre la terre promise, espérant qu'un ange salvateur passerait par là avec son char d'assaut. Certes, il préférait qu'on ne le reconnaisse pas dans sa tenue d'Adam, les abdos en cascade et les couilles vermoulues. Y avait peu de chance. Lui qui avait fait tourner les têtes des plus jolies filles en était réduit à coller ses paluches sur les vieux culs des mémés de la maison de retraite. Et en souvenir de sa célébrité passée, la plupart acceptaient sans grogner. C'était mieux que rien. Il repensa soudain à sa grand-mère qui lui avait dit : « Si un jour tu deviens vieux, picole, ça te fera oublier tes rides. » Il n'avait pas attendu la carte Vermeil pour suivre ses conseils.

Il était donc à poil au milieu de la route, implorant la Vierge, pas celle d'en haut, mais celle en plastique qui trônait sur sa table de chevet, seul héritage de sa mémé qui l'avait rapportée de Lourdes, et dont il avait remplacé l'eau bénite par de la vodka. Il n'avait jamais cru à cette histoire d'ange Gabriel, persuadé que Marie avait tout simplement trompé Joseph avec Gaby et que si les capotes avaient existé à cette époque, ça aurait changé le cours de l'histoire... Conclusion, l'évolution de la planète est liée à un bout de caoutchouc.

Afin de s'assurer un max de renfort, il appela également à la rescousse le grand patron himself : Dieu. Face à l'urgence d'un sauvetage en mer, on est prêt à sucer le canard qui sert de bouée pour qu'il nous mène de l'autre côté du rivage.

Et là, soudain au loin, lui apparut la lumière !

Dieu existait.

2

Elvis Cadillac, le sosie officiel du King, « heureux poupon » d'un père alcoolique et d'une mère mythomane[1], avait signé un contrat l'engageant à chanter dans un home[2] à Chimay, dans les Ardennes, petite ville médiévale pittoresque et pleine de charme, vieille de 500 ans. On imaginait bien Ebenezer Scrooge, un des personnages de Dickens, grimper les anciens escaliers menant aux lavoirs et aux remparts. Cette cité princière avec ses maisons en pierre grise faisait penser à un décor pour les films de Chabrol ou de Mocky. Elvis avait décidé de profiter de cette chance pour prendre quelques jours de vacances, et visiter la Grange aux papillons, la collégiale et le très beau château des Princes qui surplombe l'Eau Blanche. Vraiment le genre de château qu'on voit dans les livres de contes de fées, enveloppé d'une légère brume qui lui donne un certain mystère. Il ne voulait pas non plus manquer la visite de l'abbaye de Scourmont où les moines

---

1. Si tu ne l'as pas lu, galope chez ton libraire acheter *Elvis Cadillac, King from Charleroi* (Fleuve Éditions, évidemment, et aussi chez Pocket).
2. Un home chez nous autres, c'est une maison de retraite. Avoue que c'est plus juste, vu que tous les vieux ne touchent pas de retraite ! *Home sweet home...*

cisterciens avaient élaboré et brassé la trappiste de Chimay. Pour ça qu'ils avaient un p'tit bedon sous leur robe de bure, disaient les Chimaciens. Et s'il lui restait du temps, il irait voir le musée du Grand Méchant Loup, non loin de là, à Rièzes. Grâce à une cousine qui vivait dans la région, il avait trouvé à bon prix une baraque isolée au milieu d'un bois. L'aubaine !

Et il roulait gaiement sur la route du bonheur, après avoir passé la soirée au bistrot, à s'enfiler quelques bières, histoire de faire honneur à la religion. À ses côtés, affalée sur la banquette en cuir de la Cadillac rose pétant, sa chienne Priscilla, la seule femelle qu'il pouvait supporter plus de deux jours. À ce propos, il espérait bien que la nana qu'il avait draguée la veille dans une boîte ringarde du coin aurait déguerpi quand il rentrerait. C'était pas son habitude de ramener des filles chez lui, mais il avait la nostalgie de sa ville natale – qui n'était pas Tupelo[1], mais Charleroi – et cette gonzesse venait de Marcinelle, le bled à côté, devenu tristement célèbre à cause de Marc Dutroux. Elle lui avait confié être majorette et lui avait montré sa dextérité à manier le bâton, précisant qu'elle pouvait être aussi habile avec d'autres bâtonnets... Ses prouesses avaient fini par le convaincre et il l'avait embarquée dans sa petite maison dans les bosquets. Sur l'oreiller, elle lui avait raconté qu'elle était en vacances dans un gîte pourri. Il la soupçonnait de l'avoir dragué pour passer une nuit dans un bon plumard, et pas pour sa ressemblance avec le King, vu qu'elle lui avait avoué être fan de Patriiiiick Bruel, le joueur de poker. Après quelques ébats sexuels plan-plan, vu que la gonzesse était du genre gélatineux, 85 kg pour une

---

1. Tupelo, c'est là que le King est né, dans une baraque en planches de deux pièces, dans le Mississippi. Il est parti pauvre et est revenu en Cadillac avec un costume en feuilles d'or à 4 000 dollars. Comme quoi, tous les rêves sont possibles.

hauteur guère plus glorieuse que Mimie Mathy, et que depuis des plombes Elvis avait enfilé sa bite dans des pantoufles, il lui avait dit que la vie de couple c'était pas son truc et qu'il détestait le quotidien. Ce à quoi elle avait répondu par un soupir. Et il lui avait lâché la célèbre réplique de son idole à qui un journaliste avait demandé s'il songeait au mariage : « Pourquoi acheter une vache, quand on peut avoir du lait en passant sous la barrière. »

Encore sept fois dormir et c'était la big night sous les sunlights. Il allait leur en mettre plein la vue aux petits vieux ! Demain, répète devant le miroir de sa salle de bains, en peaufinant la célèbre moue d'Elvis Presley et son déhanché qui avait fait mouiller les filles sur les banquettes. Là, il allait profiter de la route pour déjà bosser sa voix. Il fouilla dans la boîte à gants, cherchant le CD avec la compil du King et jura en faisant tomber un sachet de cuberdons[1]. Il se baissa pour en ramasser un, mais Priscilla avait déjà sauté sur l'occase.

Soudain, un bruit sourd lui fit relever la tête.

Il freina d'un coup sec.

Cré merde ! On dirait que j'viens de renverser une bête... Qué con oufti[2] !

Il sortit précipitamment de sa bagnole, intimant l'ordre à sa chienne de ne pas bouger.

Des orteils dépassaient de dessous la carrosserie. Il avait carrément écrasé quelqu'un ! Elvis tira sur le pied et découvrit à la lueur des phares un mec nu comme un ver. Il lui tâta le

---

1. Cuberdons : boules en forme de chapeau de curé qui ont goût de violette, mais comme tout ce que tu avales aujourd'hui, c'est que des produits chimiques. Sinon, t'as l'impression de bouffer du curé et, des fois, c'est jouissif.
2. Oufti ! C'est du liégeois. Tu dis ça quand tu sais plus quoi dire, genre, j'ai croisé John Malkovich et il m'a donné une baise. Oufti !

pouls et constata qu'il ne battait plus. Le bougre avait passé l'arme à gauche, couic, écrabouillé. Ce visage... Ce visage lui disait quelque chose. Elvis était persuadé de l'avoir déjà vu, mais où ?

Il hésita à le laisser sur le tarmac, mais un relent d'humanité l'en empêcha. Même s'il ne s'estimait pas responsable de la mort du gaillard qui n'avait pas à se trouver au milieu de son chemin, qui plus est à poil, il lui devait au moins de ne pas l'abandonner comme un chien. Et il le hissa sur la banquette arrière.

Heureusement, la route était déserte à cette heure et personne ne l'avait vu. Ouf !

3

Planqué derrière un arbre, Rémy – surnommé Spéculoos (Spécu pour les intimes) parce qu'il était accro à la glace aux spéculoos[1] se demandait comment il allait expliquer ça à Mickey. Qu'il avait laissé s'échapper leur prisonnier et qu'il s'en était aperçu trop tard pour rattraper ce vieux crétin... Que, quand il était arrivé dans les bois, il l'avait vu se faire renverser par une Cadillac rose et qu'Elvis Presley en était sorti. Sûr, il allait s'en prendre plein la gueule et encore se faire traiter de tarlouze. Mickey n'aimait pas, mais alors pas du tout, qu'une affaire foire. Encore moins qu'on se fiche de sa gueule. L'était susceptible, le troufion. Sans doute à cause de son prénom qui faisait marrer tout le monde. Sa mère l'avait appelé ainsi, pas à cause du pote à Donald, non, mais parce qu'elle kiffait Mickey Rourke – avant qu'il ait une bouille de shar-peï tailladée par des bistouris ravageurs. Spéculoos n'aurait même pas le temps d'achever son histoire. Le poing partirait avant dans sa tronche de cake.

---

1. Des spéculoos, c'est des biscuits à base de cassonade et de cannelle que saint Nicolas offrait aux enfants sages. Mais aujourd'hui, ils s'en foutent, ils préfèrent les iPad.

Fallait qu'il trouve un bobard, et vite.

« Pépère devait pisser et à son âge on a le poireau qui dégouline. Il a mouillé son froc et j'ai dû lui enlever, puis l'temps que j'aille voir si y avait pas un truc de rechange, il s'est barré, ce con. T'imagines bien que j'aurais jamais cru ça d'un vieux qui sait même plus surfer tout seul ! Et après ? Après, j'ai couru et, au moment où j'allais le pécho, il a foncé sur la route et s'est fait scratcher par une bagnole. Le gars est sorti et, quand il a vu les dégâts, il a embarqué le viandard. »

Spéculoos n'a pas pu aller plus loin dans son récit que « ce con ». Mickey, furax, les naseaux en feu, lui a foutu ses gros doigts garnis de bagouses à têtes de mort en plein sur le pif. L'autre dégoulinait du sang et pleurait après sa mère. Histoire de se calmer les nerfs, Mickey a aussi boxé l'armoire et renversé la table.

— Putain, fieu, t'es vraiment un gros connard de merde. J'aurais jamais dû te faire confiance. On était près du but ! Tu sais s'il est mort au moins ?

— J'sais pas... Y bougeait plus.

— S'il est vivant, il va nous dénoncer. Faut le retrouver.

— On avait une cagoule, bafouilla Spéculoos.

— Ah oué ? Et quand tu l'as enlevée pour t'essuyer la tronche parce que tu suais comme un gros porc que t'es, hein ?

— Il a rien vu, il avait pas ses lunettes, tu les as cassées.

— Ouais... Et il savait plus courir non plus. Ce mec-là, il serait encore capable de te battre en rollers. T'es une buse, toi. Non, mais j'hallucine !

Quand Mickey lui a demandé à quoi ressemblaient le conducteur et la cage qui avait écrabouillé la vedette, il s'est payé sa tronche.

— T'es sûr que c'était pas un éléphant avec un nœud au bout de la trompe ? T'as fumé quoi, là ?
— Rien !
— Bon, on va aller faire un tour au village. Une Cadillac rose, si c'est bien c'que t'as vu, ça devrait se remarquer dans l'bled. Et frotte ton blaze, on dirait que t'as tes règles, bouffon !

4

Elvis Cadillac conduisait pépère jusqu'à sa tanière. Il ne voulait pas que le corps du vieux s'affale sur sa banquette et risque de faire des taches. Il l'avait plus ou moins calé avec une couverture planquée dans son coffre. De temps en temps, il jetait un coup d'œil dans le rétro et voyait le regard glauque de son passager clandestin. Dans la panique, il avait oublié de lui fermer les paupières. On aurait dit qu'il le fixait. Elvis pensa à « La conscience », ce terrifiant poème de Victor Hugo où Caïn tente de fuir Jéhovah avec sa famille, mais où qu'il aille, l'œil de sa conscience l'observe toujours, jusque dans sa tombe... Ça le mettait mal à l'aise. Pour se changer les idées, Elvis plongea dans les draps de la nuit dernière avec la grosse majorette. Rien de tel qu'un bon souvenir pour chasser les fantômes en habits noirs. Avec le temps, il s'était attaché à son petit confort, et Bobonne à la maison, très peu pour lui ! Le sexe n'est jamais aussi bon que quand il est volé au temps. Les saveurs du cul durent trois mois. Après, tu vas voir ailleurs. Elvis n'avait jamais compris cette aberration qu'est la fidélité. Tu t'imagines manger tous les jours dans le même resto ? Pour lui, le sexe n'était rien d'autre qu'un des plaisirs de la vie, comme lire un bon bouquin ou savourer un délicieux repas. Et le mariage ! Pour le meilleur et pour le pire... Qui c'est qui a envie du pire, hein ? Une fois que le désir est mis au placard, la plupart des couples se tapent des séries télé. Vrai que tout seul c'est pas le pied. Voilà pourquoi il avait une chienne. Priscilla comprenait tout ! Elle se dressait sur ses pattes quand elle voyait le gros clébard de *Downtown Abbey* et tournait le dos aux scènes sentimentales. Les chiens sont malins. Ils savent que les mots d'amour peuvent tuer.

Elvis devait s'avouer qu'il préférait les femmes bien en chair, comme on dit pour être poli. Celles d'Egon Schiele, squelettiques, le faisaient moins bander que les boulottes de Botticelli ou Gauguin. Et la Belgique était un vivier de jambonneaux. Chez nous autres, quand t'es gros, c'est un signe de bonne santé[1]. Autrement, on croit que t'as des problèmes psychologiques et on te soigne à coups de pintes et de sachets de frites. Il avait aimé lui palper les nibards, de vrais obus, bien dansants. Mais une fois que le feu d'artifice avait pété toutes ses fusées, elle avait commencé à lui parler de ses problèmes de majorette. Déjà qu'il avait eu droit à une démonstration un peu avant, genre Balasko dans *Nuit d'ivresse*[2], une des scènes les plus drôles du cinéma français. Et comme Lhermitte, il avait essayé de ne pas éclater de rire. Et elle y allait, la grosse, et j'te lance le bâton et que j'le rattrape en me contorsionnant et vlan, par terre. Pas au point, son numéro !

« C'est à cause que j'me suis pas entraînée depuis deux jours, qu'elle avait dit. Majorette, ça demande de la discipline

---

[1]. T'as remarqué que les grosses sont souvent plus rigolotes que celles qui ressemblent à des planches à repasser ?
[2]. Film culte ! Si t'as pas le moral, regarde ça ! Plus besoin d'antidépresseurs. *https://www.youtube.com/watch?v=uWCD53pvWmI*

et du savoir-faire. C'est un art ! Faut être née dans un tambour pour piger. Moi, j'quitte jamais mes bottes blanches. »

Et pour cause, elle avait dormi avec. Elvis l'avait un peu excitée au début, puis plus après. Ça grattait quand il se retournait dans son plumard. Une fois qu'elle s'était mise à ronfler, il avait essayé de les lui enlever, mais on aurait dit qu'elles étaient collées à ses mollets.

Il pensa à son idole qui, à la question de son maquilleur lui demandant pourquoi il avait embrassé une grosse moche, avait répondu : « C'est justement parce qu'elle n'est pas gâtée par la nature que je me suis conduit comme si elle me plaisait. »

Un gentleman, ce King !

Puis franchement, avec le boulot que demandaient ses répétitions pour peaufiner son art afin d'être au top et faire honneur à son idole, il n'y avait pas de place pour une femme dans sa vie.

Elvis jeta de nouveau un coup d'œil dans le rétroviseur et ne vit plus son passager. Inquiet, il stoppa net. *Et si le mec n'était pas vraiment mort ?*

5

— Tu sais c'qui va pas chez toi, cousin ?

Spéculoos se contenta de mâchouiller le bout de son cornet de crème. Valait mieux la jouer profil bas.

— C'est qu'tu me prends pour un con.

— Non, j'te jure, Mickey, je...

— Jure pas ! Si Dark Vador existait, tu serais déjà foudroyé, man. T'as vraiment cru que j'allais avaler tes salades ? T'as laissé le vioque se barrer parce que t'es un nain. Et après t'as eu les boules et t'as inventé ce délire à la con pour me bananer.

Mickey en était à son cinquième verre de bière. Le comptoir allait bientôt se transformer en soutien de veuve.

— J't'ai pas menti, mec. La vérité sur la tête de ma mère.

— Tu m'avais pas dit qu'elle avait clamsé, ta reum ?

— Si, et alors ? C'est pas parce qu'elle est chez la Vierge que j'la respecte plus.

— Quel gros bâtard ! À cause de toi, elle va aller sucer la queue du diable.

Même s'il avait un peu traficoté la vérité, il avait bien vu, de ses yeux vu la Cadillac rose, et Elvis, il l'avait pas pompé dans les entrailles d'un poulet. Depuis tout môme, c'était comme ça. Chaque fois qu'il disait la vérité, on ne le croyait pas. Et s'il racontait des craques, alors, bingo ! Le bobard avec l'autre qui se pissait dessus, Mickey l'avait gobé sans moufter. Mais le coup de la bagnole, que dalle !

C'est sûr que si le patron du bistrot avait dit : « Ah, oui ! Elvis vient s'enfiler une bière tous les matins », là, le Mickey il aurait plus rigolé ! Mais c't'enculé de Roger, quand on lui posait une question, y répondait : « Moi j'suis de commerce, j'ai rien vu. » Comme si patron du boui-boui miteux, pompeusement appelé « Café de la plage[1] » alors qu'il était en bordure de route, était une mission de la plus haute importance, pire que chef du FBI ! Tu parles ! C'était la plus grande langue de pute du patelin.

Il n'avait qu'une envie, Spéculoos, c'était de mettre les voiles et aller se dorer les valseuses dans un pays où les meufs font des castagnettes avec leurs miches. Marre de crécher chez sa frangine et son beauf depuis la mort de ses parents dans un accident de bagnole. Lui, il n'avait pas de rêve bien précis, raison pour laquelle il s'était greffé sur celui de Mickey qui faisait une obsession sur les nibards de Kim Kardashian. Ce dernier lui avait montré des photos de la diva à poil, ponctuant chacune d'elles par « Waouh, elle est bonne, mec », l'assurant qu'il n'était pas jaloux et très partageur, qu'en plus il valait mieux baiser une pétée de tunes qu'une caissière. Il avait même ajouté que plus une femme a de cervelle, plus t'as des emmerdes avec elle. Du côté de Kim, aucun risque ! C'est ce qui l'avait motivé à monter ce plan diabolique. Il n'avait qu'un but dans la vie : partir à Los Angeles, aller sonner chez

---

1. Pour donner un air de vacances à son café, Roger a mis un bac à sable sur la terrasse. Sauf que ses poivrots de clients vont dégueuler dedans. Y en a qui ne méritent pas de recevoir une carte postale !

la bimbo et casser la gueule à Kanye West ou à son nouvel amant car, là-bas, on divorce pour un pet de travers. Fastoche puisque des racailles avaient bien réussi à s'introduire dans un hôtel à Paris pour lui piquer ses breloques malgré l'armada de gardes du corps. Mais le désir suprême de Mickey était de ramener un trophée : le slip de Kim. Pour ça que les deux loustics avaient concocté de kidnapper le vieux. Pour pouvoir se payer un rêve de ouf avec son magot.

La seule inquiétude de Spéculoos était de savoir s'il y avait bien ses glaces préférées là-bas. Là-dessus, Mickey l'avait rassuré : « Tu trouves tout ce qu'il y a ici, plus tout ce qu'il n'y a pas. Et Kim te les fera venir de Bruxelles en hélico. »

Histoire d'achever de convaincre son pote, Mickey lui avait dit : « Si t'as envie d'atteindre le sommet d'une montagne, achète-toi d'abord des boots. » Joignant le geste à la parole, il avait misé tout ce qui lui restait de pognon durement gagné avec ses petites magouilles, et commandé illico deux billets en first class pour L.A., avant même d'avoir mis son plan à exécution.

Pas de bol ! Il allait se retrouver à sec avec son dream à la poubelle.

Kim ne resterait qu'un poster collé au-dessus du lit de Mickey qui, tous les soirs avant de s'endormir, lui envoyait une giclée céleste – à chacun ses prières –, et envolées les castagnettes pour Spéculoos qui décida d'aller se consoler dans les chiottes. C'est là qu'il mesura l'importance de ces lieux parfois bénis des dieux.

6

Elvis se contorsionna par-dessus la banquette et ne vit plus personne. La portière était pourtant fermée. Les morts ne disparaissent pas comme ça, quand même ! Il sortit et découvrit le corps du vieux allongé par terre. Il avait glissé entre les sièges comme un sac de patates. Elvis le laissa là. Après tout, c'était mieux ainsi et s'il croisait par hasard un motard de la police, beurré[1], enclin à faire du zèle, il était préférable de ne pas se balader avec un macchabée à poil à l'arrière de sa bagnole.

Elvis Cadillac reprit le volant. Il n'était plus très loin de chez lui. Et il espérait de tout cœur que la majorette aurait plié bagage. D'un côté, il était fier de plaire aux nanas plus jeunes que lui, mais d'un autre, il protégeait sa sacro-sainte liberté. Chaque fois qu'il se sentait au bord de craquer, parce qu'au fond de lui sommeillait un vagabond romantique, il repensait à la plupart des couples qu'il connaissait, à l'image de la catastrophe de Fukushima. Quand il se sentait déstabilisé, il regardait sa chienne et elle l'apaisait parce qu'elle avait l'air tellement loin de tous ses problèmes souvent dérisoires. Là, Priscilla ronflait, bienheureuse.

---

1. Pléonasme...

Quand il arriva devant sa baraque, Elvis constata avec stupeur qu'il y avait de la lumière à l'étage. Il coupa le moteur et attendit un moment, se demandant ce qu'il allait bien pouvoir raconter à sa squatteuse. Ou il planquait sa voiture jusqu'au lendemain, le temps de lui dire de plier bagage, ou il lui préparait un gros mensonge. Non seulement, il passerait pour un gentil, mais en plus, elle pourrait l'aider à l'enterrer quelque part. Autant qu'elle serve à quelque chose... Il était à peu près persuadé qu'elle ne lui conseillerait pas d'aller chez les flics. Pas du genre à aimer la volaille. Sur l'oreiller, elle lui avait confié que son beau-frère était gendarme, « culé de sa race », qu'elle avait ajouté.

Se sentant d'attaque, il sortit de sa voiture, suivi de sa chienne qui semblait chauve sans son postiche rose fluo. C'était une touffe de cheveux en fibres synthétiques, cousue sur un ruban qu'il lui attachait derrière les oreilles. Rare quand il ne lui mettait pas ! Cette fois, il l'avait oubliée sur sa table de chevet. C'est dire s'il était perturbé... Dès qu'on bousculait ses habitudes, il était perdu. Une fois, une de ses conquêtes avait pris sa brosse à dents avec une décalcomanie du King sur le manche, et il avait mis trois jours à s'en remettre. À voir son intérieur, dans sa maison des Marolles, joyeux fouilli-fouilla rempli de trophées et de souvenirs de son idole, on aurait cru qu'il était bordélique. En fait, pas du tout ! Il était même limite maniaque, reposant chaque chose à sa place, un peu comme l'était Gainsbourg qui frisait la crise de nerfs quand on déplaçait un objet chez lui. Il avait lu que beaucoup d'artistes sont ainsi parce que ça les rassure d'avoir une structure vu que, pour le reste, ils planent total.

Elvis avait ses rituels qui l'aidaient à adoucir ses angoisses. Par exemple, il prenait autant de soin à peaufiner la moumoute de sa chienne que sa banane. Priscilla avait droit à une séance de coiffure tous les matins, avec lissage et mise en ondulation grâce à une grosse saucisse appelée bigoudi, que son mémaître enroulait, chauffait avec son séchoir, puis fixait à l'aide d'un truc gluant. Là-dessus, il faisait *pschitt pschitt* avec une potion magique qui sentait la bière, censée immortaliser l'œuvre d'art. Et il l'admirait en roucoulant chaque fois : « C'est le *finishing touch* qui fait tout. » Puis il la soulevait et lui montrait la merveille des merveilles dans le miroir de la salle de bains, persuadé que sa chienne bavait tellement elle était béate d'admiration. En réalité, Priscilla qui, comme tous les clébards, aboie quand elle voit son reflet dans une glace, pensant qu'elle a affaire à un autre clebs, se disait : Warf ! *C'est qui c'travelo avec sa crotte de crème écœurante sur le caillou ? Quelle horreur ! Kaï kaï, repose-moi par terre, pôpa, ça me donne envie de gerber mes croquettes.*

Quand il pénétra dans la chambre, Elvis trouva la majorette – dont il avait omis de demander le prénom, détail sans grande importance pour lui, vu qu'elle n'était que de passage – étalée de tout son long dans le plumard, en train de textoter comme une acharnée. Racontait-elle en détail à ses copines sa chaude nuit avec le King ? Les nanas sont bien du genre à tailler des costards après les pipes.

— Salut ! Je pensais que tu étais rentrée dans ton gîte, lança-t-il pour lui faire comprendre que son lit n'était pas une terre d'accueil.

— Ben, non, tu vois... On s'attache...

— Faut pas. J'suis un saltimbanque.

— J'aime bien les gens du voyage, répliqua-t-elle. Au moins, on voit du paysage.

— J'suis un solitaire aussi.

— La solitude n'est agréable que quand on la choisit.

— Ce qui est mon cas, précisa Elvis. Bon, faut pas que tu t'incrustes car j'ai quelqu'un dans ma bagnole et je ne sais pas où le mettre...
— Hein ? C'est qui ?
— J'sais pas.
— T'as pris un auto-stoppeur ?
— Pas exactement. J'ai trouvé un vieil homme tout nu sur le bord de la route et je crois qu'il est mort.
— Tu rigoles ?
— Non. Viens voir !

Elle le suivit dans les escaliers tandis que Priscilla s'allongeait, les quatre pattes en l'air, sur l'oreiller de son mémaître. Ce plumard était à elle et elle espérait bien que l'intruse allait déguerpir fissa.

Quand Elvis ouvrit la portière arrière et qu'il braqua sa torche dans la tronche de son passager, la majorette poussa un cri. Non pas de stupeur, mais d'allégresse ! Allez comprendre quelque chose aux gonzesses, vous !

— Mais c'est Joël Bermude ! s'exclama-t-elle.
— Qui ?
— L'acteur qui a joué dans *Bouffi et les vampires*, un super méga feuilleton télé, devenu culte tellement c'était con. Tout le monde a vu ça ! J'ai même un mug avec sa tête chez moi. Tous les matins, je bois mon cacao dedans. Et j'ai aussi un T-shirt avec un triangle et sa photo au milieu. Tu piges l'allusion ? Le triangle des Bermudes...

Elvis la regarda d'un air affligé, qu'elle prit pour de l'ignorance. Et elle renonça à combler les lacunes de cet ignare. Y avait trop de boulot et elle se dit que, décidément, baiser ou crécher avec des vieux c'est sympa parce qu'ils sont rassurants et en principe ils ont de la tune, mais que pour les sorties, vaut mieux s'échapper avec des mecs de son âge qui sont open sur la tendance people. Au moins tu ne tchatches pas dans le vent.

— J'regarde pas la télé, objecta Elvis.

— Et après tu t'étonnes que t'as pas de culture !

— Si la télé était un vecteur de culture, ça se saurait. C'est plutôt un ramassis de conneries, la plupart du temps. Je préfère lire.

— Moi, les bouquins me bousillent les neurones et me font chier. Faut vivre avec son temps. Avec la télé, t'es dans le move. Dingue que tu connaisses même pas Joël Bermude ! C'est naze.

— J'en mourrai pas.

— Lui bien, apparemment.

— Qu'est-ce qu'on va en faire ? s'inquiéta Elvis.

— J'sais pas, mais avant je veux prendre un selfie avec lui.

— T'es malade, toi !

— C'est pas tous les jours qu'on a l'occasion de rencontrer une vedette de la télé.

Ni une ni deux, elle s'installa à côté du cadavre, arrangea un peu les trois poils qui se battaient sur le caillou du vieux, tira sur les commissures de ses lèvres pour tenter de le faire sourire, prit une pose de diva et *clic !* fit la photo du siècle avec son GSM[1].

— Surtout tu la gardes pour toi et tu ne l'envoies pas à tes copines, décréta Elvis.

— Alors, quel intérêt si j'peux pas la montrer ?

— N'oublie pas qu'il est mort et que tôt ou tard quelqu'un va le rechercher. D'ici à ce qu'on me soupçonne de l'avoir renversé...

---

1. GSM : portable en France. Chez nous autres, en Belgique, on dit « Hé fieu, t'as ton G ? » à ne pas confondre avec le point G que certaines nanas cherchent toujours avec acharnement. « Min non hein, Nabila, c'est pas derrière ton oreille ! »

— C'est le cas ?

— Bien sûr que non ! Tu me prends pour qui ? Mais tu sais comment sont les flics. Ils accusent toujours en premier celui qui appelle pour signaler un mort. Pour ça que tu dois m'aider à m'en débarrasser. Et maintenant que tu l'as vu, t'es complice.

La majorette parut réfléchir, exercice qui lui semblait difficile vu qu'elle n'avait visiblement pas l'habitude.

— D'accord, finit-elle par conclure. Mais avant j'veux un autographe.

— C'est une blague ?

— Non, pas du tout. T'as pas un stylo ?

— Euh... Si.

— Qu'est-ce que t'attends ? Et tant que t'y es, file-moi une de tes cartes postales ringardes pour tes fans. Allez, magne-toi !

Pendant qu'Elvis fouillait dans sa boîte à gants, l'autre timbrée examinait son trophée.

— Purée, t'as vu ? Il a une biroute[1] tellement grande que j'pourrais faire un ventilateur avec.

— Tu n'as aucun respect pour les morts, toi !

— J'suis sûre qu'il serait content de m'entendre. C'est un compliment, non ? Bon, qu'est-ce tu fiches ? Faut faire ça avant que ses doigts soient tout raides.

Elvis lui tendit un stylo et une carte avec sa tronche gominée, sourire à la Luis Mariano, retouchée par Photoshop pour lui enlever ses rides. Selon son agent, ancien boucher dans les Marolles à Bruxelles – devenu cul-de-jatte suite à un bête accident (il s'était pris les pattes dans un broyeur en faisant des saucisses) –, il fallait qu'une star soit toujours jeune.

---

1. Biroute : route à deux voies qui se séparent. Tu croyais quoi, hein ?

« Regarde Chantal Goya, qu'il lui avait dit, elle a l'air d'une gamine. De loin, bien sûr, mais c'est l'illusion qui compte. »

Une fois en possession du matos, la majorette coinça le stylo dans la paluche de la vedette et lui tint la main. Puis, au dos de la carte postale, elle lui fit griffonner une baveuse : « À Rita, la plus belle majorette de Marcinelle que j'embrasse goulûment. Ton Joël Bermude. »

C'est ainsi que le King from Charleroi sut que la reine du lancer de bâton s'appelait Rita. Le même prénom que la chienne de sa tata Georgette qui pissait dans les sacoches de toutes celles qui allaient chez elle.

Parfois, pensa Elvis, *vaut mieux ne pas connaître le prénom de celle avec qui on va baiser, pour pas risquer de couper les ardeurs.*

Et maintenant, fallait passer à l'action.

7

— Regarde, man ! Alors, j'suis un mytho ?

Spéculoos brandit l'affiche qu'il avait trouvée dans les toilettes du bistrot, sous le nez de Mickey qui en était à son huitième verre, chiffre symbolique de l'infini qui caractérise les vrais buveurs.

En grand, au-dessus de la photo d'Elvis qui posait devant sa Cadillac, on pouvait lire : « Concert exceptionnel d'Elvis, the King from Charleroi, au home Le Rossignol guilleret à Chimay, ce samedi 18 juin, à 20 heures. »

Mickey lui arracha l'affiche des mains, vida son verre et la plia pour la mettre dans sa poche.

— Te gêne pas, mec ! lui lança le patron. J'aime pas qu'on pique les affiches dans mes toilettes. C'est pas civique.

— Hé, Roger, lâcha Mickey, viens pas m'dire que tu voulais l'encadrer dans ta chambre. Elle est ringarde.

— C'est pas tes oignons. Ici, c'est chez moi et on me demande la permission quand on veut quelque chose. On ne détériore pas la déco.

— Tu parles d'une déco ! J'en voudrais même pas pour me la coller sur le fion.

— Alors pourquoi tu l'as piquée, hein ?

— Ben... Spécu, c'est son oncle qu'il a plus vu depuis des siècles et tu le connais, c'est un affectif...

— T'es de la famille à Elvis ?

— Oui ! affirma fièrement Spéculoos.

— Ah ! Ah ! Paraît qu'il va faire ses courses chez l'épicier avec son costard à paillettes !

— Il crèche dans le coin ?

— Oui. Ça fait une semaine qu'il est là. Il est passé le premier jour pour me filer son affiche, et les autres pour picoler avec son cabot qui t'avale des demis cul sec. Faut lui verser sa bière dans sa gamelle et hop ! Après il se lèche les babines et rote pire qu'une pompe à purin.

— Et tu saurais pas par hasard où il pionce, le Elvis ?

— J'donne pas les adresses de mes clients. J'suis pas une balance, déclara Roger. Mon grand-père a fait Verdun en 40, j'ai du sang de héros dans les veines.

— C'est que... Spécu, il aurait tellement aimé lui faire une surprise et aller lui rendre une petite visite avec une bouteille de pinard, qu'on achèterait chez toi, bien sûr...

Roger les regarda du coin de l'œil et finit par dire « Mmmm... », signe qu'il allait réfléchir à la question qui était grave, car il avait des principes. Sur son comptoir trônaient les trois singes avec des bonnets de marin crochetés par une vieille cliente qui s'était fait écraser en sortant de chez lui dans un état d'ébriété proche de l'Ohio : « Ne rien voir, ne rien dire, ne rien entendre. » Telle était la devise du maître de ce temple sacré qu'on appelait troquet.

Histoire de l'amadouer, Mickey commanda un autre verre pour lui, un pour Spéculoos et, bien sûr, un pour toi, mon Roger, *clach*, santé !

— Je ne bois jamais quand j'suis en service, décréta-t-il, mais je mets l'argent de ma conso dans la tirelire pour les pauvres de la paroisse.

Et philanthrope en plus ! Brave cœur, va. Mickey était persuadé que le soir, il vidait sa tirelire en forme de phare breton et prenait le pognon pour lui. Pas du genre à faire des cadeaux, le Roger ! Depuis des années qu'il fréquentait ce café, Mickey ne l'avait jamais vu offrir un pot à ses clients. Et sous la pendule entourée d'une bouée de sauvetage trônait une pancarte : « Crédit n'est pas mon ami. »

Il savait que le grand sachem jouait à l'incorruptible - ce sont souvent les plus pourris -, et après lui avoir glissé un billet sous le comptoir, il décela la fissure... Il allait lâcher le morceau, c'est sûr. Et si par hasard il le retenait dans ses amygdales, il passerait au plan B. Il s'échauffa la main sur son flingue planqué dans la poche de son blouson. Fallait juste attendre que le dernier client s'en aille.

8

C'est la grosse qui eut l'idée du puits. Même qu'elle partit dans un délire lyrique, mêlant poésie et symbolisme : « Parce que, tu comprends, un puits c'est de là que jaillit l'eau, dans les entrailles de la terre... On vient du ventre de notre mère qui perd les eaux quand elle accouche, retour à la case départ. Vie, mort, renaissance... » *Sans blague ?* Devait être du genre à suivre des cours de yoga, à manger du boulgour et à préconiser les accouchements au son de la harpe. Elvis se méfiait comme de la peste de ce genre de nanas qui se posent trop de questions au lieu d'apprécier les bons moments de la vie. Il en avait ras le bol de ses explications et n'attendait qu'une chose : qu'elle passe à l'action. Voir le cadavre de ce pauvre type le mettait mal à l'aise. Il voulait que ça aille vite. Bêtement, il pensa qu'il devait avoir froid et qu'il serait bien au chaud au fond du puits. Il avait horreur des enterrements avec tous les salamalecs et les discours où chacun vient débiter ses souvenirs. N'était pas pour toutes ces simagrées funèbres, lui. Le chagrin est indécent en public. C'était comme si on prenait plaisir à touiller dans une blessure. Quel intérêt ? Il savait de toute façon que chaque fois qu'il regarderait dans son rétroviseur, il sentirait le regard de Joël Bermude dans son dos.

Cette espèce de froideur et de goût pour l'efficacité que l'on pouvait traduire par de l'insensibilité chez lui était tout le contraire. Une sorte de protection.

Quand la majorette eut enfin fini son hommage à Joël Bermude, elle se décida à hisser son corps par-dessus bord. On entendit un *plop !* qui fit pousser un soupir de soulagement à Elvis.

— Personne ne viendra le chercher ici, assura-t-elle. Mais faut quand même le recouvrir de branchages, c'est plus prudent.

— Oui, et puis il aura plus chaud.

Elle le regarda, pensant qu'il plaisantait pour désamorcer cet instant macabre. Mais non. Il avait gardé ce côté enfantin et naïf qui faisait de lui un clown tragique et lui permettait de marcher sur un fil en s'imaginant que le vide était remplacé par un nid de plumes.

Elvis récolta quelques branches de bois mort qu'on jeta dans la tombe improvisée. Joli linceul 100 % biodégradable.

— Tu te rends compte, dit la majorette, c'est moi qui ai enterré la star de *Bouffi et les vampires* !

— Oui, surtout t'en vante pas.

— T'inquiète, je sais garder ma langue. À ce propos, toute cette histoire m'excite. Pas toi ?

Plus il fréquentait les femmes, plus Elvis avait du mal à les comprendre. Ils venaient de jeter la dépouille d'un vieil homme dans un puits, et l'autre, ça lui donnait des envies de faire des galipettes.

Avant qu'il ait pu répondre quoi que ce soit, elle palpa la braguette de son pantalon à pattes d'eph, l'ouvrit et engouffra son goupillon dans sa bouche. *Ite missa est.*

— Bon, maintenant je vais me coucher, décréta-t-elle.

Dans quelques heures, il ferait jour. Elvis n'avait pas envie de dormir. Encore moins de se retrouver avec la majorette dans son plumard. Une fois dans la maison, il ouvrit le frigo pour boire un coup et constata qu'il était vide. La grosse avait fait une razzia. Y compris sur les saucisses cocktail. Il décida d'aller faire des courses, dans une de ces pompes à essence ouvertes toute la nuit. Fallait qu'il bouge. Pour pas penser à ce qui venait de se passer. Sa squatteuse, on aurait dit qu'elle en tirait une fierté. Elvis, lui, il avait une conscience. Bon, d'accord, s'il n'avait pas été distrait, il n'aurait pas renversé le gaillard. Mais qui s'attend, sur une route déserte, à voir débouler un vieux à poil ? Après tout, il avait peut-être eu envie d'en finir ? Qui sait ? Supporter la vieillesse pour quelqu'un qui a eu ses heures de gloire doit être plus dur que pour l'épicier du coin. Plus d'autographes à donner, plus de lettres d'admiratrices... Quel enfer ! Elvis Cadillac pensait à sa pomme, comment allait-il réagir une fois gâteux et incontinent ? Oui, c'était sûrement ça... Le vieux avait dû s'échapper de sa maison de retraite et il avait décidé d'en finir. C'était tombé sur lui. Pas de bol ! Et s'il réfléchissait bien, ayant accompli la volonté du désespéré, il lui avait rendu service. Ça devait être le King qui lui avait envoyé ce malheureux. Et il avait rempli sa mission en l'aidant à mettre fin à ses jours. Quelque part, il méritait une auréole ! Bon, c'est vrai qu'il aurait pu aller chez les flics au lieu de jeter la vedette dans un puits... Et après, quoi ? Il serait en garde à vue à l'heure qu'il est. C'est pas lui qui était branque, c'est le système. La vie lui avait appris que si tu veux agir en citoyen irréprochable, t'es vraiment con parce que le monde est peuplé de requins affamés. Montrer tes crocs ne t'empêche pas d'avoir du cœur. Et si quelqu'un se risquait à le juger, il n'avait qu'à regarder d'abord dans son jardinet. *Que celui qui n'a jamais péché jette la première pierre...* Ça le gonflait les donneurs de leçons qui te somment de ramasser les crottes de ton chien, avant même qu'il ait chié, comme si c'était un crime de lèse-majesté, alors qu'il y a des gens qui crèvent de faim et qu'en banlieue tout est à feu et à sang. À deux pas de ta villa entourée de remparts, fieu.

Il grimpa dans sa Cadillac, suivi de Priscilla, en espérant ne plus rencontrer de cadavre sur la route.

9

— Putain mec, t'es quand même une buse d'avoir laissé filer le Bermude, s'énerva Mickey. Si le gars a parlé, on est cuits.

— Peu de chances qu'il soit encore en vie, j'l'ai vu se faire écrabouiller par la bagnole. Tout juste si son brain peut encore servir de sauce bolo.

Spéculoos tentait de se persuader de la mort de Joël Bermude, mais il n'en était pas sûr. Il essayait de gagner du temps pour pas se faire engueuler par son pote. Certes, il l'avait vu valdinguer et retomber sur le sol comme une poupée gonflable toute molle, mais les vieux, c'est parfois plus solide qu'on le pense. La preuve, il avait piqué un cent mètres et il l'avait semé. La honte ! Saloperies de clopes. Sur ce, Spéculoos se roula un pétard.

— En plus, y m'faut son doigt, lâcha Mickey.

— Hein ? Pour quoi faire ? Te le mettre dans l'cul ?

— T'es con ! Pendant que t'étais censé le garder, j'suis allé en repérages dans sa baraque. Ça se voit qu'il y vit plus. Depuis des mois qu'il crèche au home, c'est plein d'araignées et y a des toiles partout. T'as l'impression d'être chez la famille Adams !

— J'croyais qu'il y allait encore les week-ends, qu'il avait dit...

— Ouais, pas pour faire le ménage en tout cas.

— On pourrait squatter... J'serais toujours mieux là que chez ma sœur et son beauf, affirma Spéculoos. Quel taré ! Faut pas être tout net pour être dératiseur ! En plus, dans la région, y en a pas des masses. La plupart du temps, il glande, ce con. Reusement qu'ma frangine bosse. Bon, c'est pas une bonne coiffeuse, parce que ses clientes ressortent plus moches qu'avant, mais c'est la seule dans le bled. Puis elle les persuade que c'est tendance, comme elle dit. Elle a que ce mot à la bouche. Sûr que niveau people, elle est imbattable ! C'était la chouchoute de mes parents. Moi, j'étais le caillou dans la godasse. Un jour, ma mère m'a dit que j'étais pas désiré et qu'elle avait essayé de me faire gicler, mais j'me suis accroché. Une fois, elle m'a accusé injustement de lui avoir piqué son pognon dans son portefeuille, on s'est engueulés et j'me suis cassé. Quand j'suis revenu, elle avait jeté ma photo scotchée sur son frigo et l'avait remplacée par celle de son clébard ! Tu le crois ? La meilleure, c'est que c'était même pas une photo de lui, mais d'un qui lui ressemblait et qu'elle avait découpée dans un calendrier de la Poste !

— Moi j'suis peinard chez ma darone, décréta Mickey. Elle s'en est tellement fourré dans l'pif quand mon paternel s'est barré qu'elle a un pète au casque. Elle en était raide. Ça a tout bousillé chez elle. Là, tu dirais une vieille sorcière. Elle se fout du rouge à lèvres jusque sur ses dents et, quand elle sourit, t'as l'impression de voir un vampire. Mais tu sais, elle a pas toujours été ainsi. Quand j'étais môme, ma mère était sexy. Elle attirait tous les mecs du quartier. Des fois, je rêve encore d'elle quand elle était belle et qu'elle me prenait sur ses genoux. Elle m'aimait, c'est sûr... Maintenant, elle sait même plus que j'suis son fils. Des fois, elle me demande qui j'suis et ce que j'fous là. Alors je lui file un coup de pinard et elle m'appelle chéri.

— Cool !

— Pas toujours. Une nuit, elle s'est levée pour faire des frites et elle a foutu le perroquet dans la friteuse...

— Ah zut ! Il est mort ?

— Non, il fait du rap avec Mister Gims ! T'as de ces questions, toi.

— Au fait, pourquoi t'as besoin du doigt du vioque ?

— Parce que cet enfoiré nous a bananés avec le code de son coffre. Faut son empreinte digitale.

— Hein ?

— Et s'il est mort, comment on va faire ? s'inquiéta Spéculoos. On ne va quand même pas se trimbaler son cadavre jusqu'au coffre !

— T'es pas très ingénieux, toi, hein ? T'as les pédales à la place du guidon. Chance que j'sois pas trisomique, sinon on serait dans la merde.

Mickey braqua à gauche et se gara dans le bois. Ils étaient arrivés. Une des fenêtres du haut était éclairée. Cela lui rappela une petite maison que sa mère mettait sur la table avec une bougie dedans, le jour de Noël quand il était môme. Maintenant, elle confondait le petit Jésus avec une marque de salami.

10

Elvis avait trouvé son bonheur et fait le plein de saloperies pour se caler l'estomac. Quand il arriva à l'orée du bois, il avait déjà ingurgité un gros paquet de chips. Il s'engouffra dans le petit chemin menant à la maison qu'il occupait, en réfléchissant à ce qu'il allait bien pouvoir dire à la majorette pour qu'elle plie son baluchon. Fallait surtout pas qu'il la laisse encore tripoter son trophée, sinon il était foutu. Mais c'était le genre de fille avec qui tu risquais d'avoir des représailles si t'étais pas gentil. Il sentait qu'elle pouvait être mauvaise et surtout qu'elle n'écoutait pas et faisait semblant de ne pas comprendre, histoire de gagner du temps. Du style crampon. Il lui avait pourtant avoué qu'il ne l'aimait pas. Ce à quoi elle avait répondu, toujours aussi souriante et sûre d'elle : « Ça viendra. » Elvis détestait les gens suffisants. Et ce qu'il détestait par-dessus tout, c'est quand elle l'appelait « bébé ». C'était quoi, cette gonzesse qui lui donnait ce sobriquet ridicule et s'installait chez lui comme s'il venait de lui passer la bague au doigt ? Y en a, j'te jure !

Sa chienne le regarda d'un œil torve, rota un coup et lui tourna le dos. Il savait bien ce qu'elle pensait. Depuis que cette meuf avait débarqué, elle ne lui faisait plus de léchouilles. Signe qu'elle était contrariée et n'appréciait pas, mais pas du tout, cette intruse. Les carlins ont la particularité, comme la plupart des chiens de caractère d'ailleurs, d'être exclusifs. Et chaque fois que la grosse l'approchait, Priscilla lâchait une caisse pour manifester son mécontentement. C'était aussi sa façon d'approuver la pensée philosophique de Depardieu : « Ma nature profonde est là où mon pet m'emporte. »

Elvis ne croyait pas en Dieu. Il se disait que, s'il avait existé, le monde ne partirait pas en sucette comme c'était le cas. Son dieu à lui, c'était le King. Et il pria pour qu'il lui vienne en aide. *I want you, I need you ! Realise my impossible dream… put the fat lady out of my life. Thank you very much*[1].

Elvis gara sa Cadillac près de la porte d'entrée. Faisait noir. Rita devait roupiller. Donc ronfler, conséquence logique de sa surcharge pondérale. À la perspective de se coucher à côté de ce qu'il comparait à un cachalot, vu la mollesse de la chose, Elvis hésita à dormir dans sa bagnole. Mais faisait pas très chaud et il décida de rentrer. Il constata que la porte n'était pas fermée à clef. Il avait dû oublier. Il regarda sa chienne : *Toute façon qui veux-tu qui vienne ici au milieu des bois ?*

En général, quand il lui parlait, elle remuait la queue, genre : *J'te capte cinq sur cinq*. Mais là, rien. Elle tirait vraiment la gueule. *T'inquiète Prisci, demain je vire bobonne*. Il était bien décidé à grimper dans sa chambre et à la réveiller pour lui demander d'aller pioncer sur le canapé. Pas galant, hein ! Eh bien, comme ça, au moins, elle finirait par piger qu'il en avait ras le bol.

Il rangea les canettes de bière dans son frigo et en vida une avant de monter les escaliers. Du fond du couloir, il

---

1. Hé, le King, fais quelque chose pour que la grosse gicle de ma life. *Awell* merci. (Faut jamais oublier de remercier les esprits, sinon, la prochaine fois, tu peux faire une omelette avec tes vœux.)

vit la porte de sa chambre grande ouverte. Elle devait avoir ses chaleurs... Bizarre, il n'entendit pas de ronflements. Il se trouva un peu médisant. Mais chaque fois qu'il avait été sympa avec les femmes, elles l'avaient entubé. À commencer par sa mère qui lui avait menti et pourri la vie.

Il alluma la lumière et poussa un cri. La majorette gisait à poil en travers du lit, couchée sur le ventre avec son bâton enfoncé dans le cul.

Elle avait toujours ses bottes.

Le King avait exaucé ses vœux. Mais il n'y était pas allé de main morte !

11

Qui avait bien pu faire ce carnage ? Apparemment, rien n'avait été volé. Elvis en conclut qu'il devait s'agir d'un ou de plusieurs violeurs qui étaient passés par là. Vu la baleine échouée sur le plumard, il fallait au moins être à deux pour maîtriser la bête. Pas certain que ce soient des étrangers car, depuis la route, difficile de deviner qu'il y avait une maisonnette cachée au milieu des bois. Probable qu'il s'agissait de voyous du coin. Chimay était une petite ville...

C'était vraiment pas de bol ! Elvis espérait passer quelques jours peinards dans les Ardennes, à respirer la chlorophylle et à déguster des trappistes avant d'aller produire son spectacle chez les petits vieux, un truc bien pépère, et voilà qu'il se retrouvait avec deux cadavres sur les bras ! On aurait dit que le sort s'acharnait sur lui.

Dans des situations tragiques, le mieux est d'avoir l'esprit pratique. Elvis s'assit sur le bord du lit et réfléchit quelques instants. Avertir les flics était de nouveau exclu, car il allait se retrouver en première ligne des suspects. Sans compter qu'ils risquaient de fouiller partout et de découvrir le cadavre de l'autre vedette au fond du puits. La seule solution était que la majorette rejoigne son idole. Être enterrée auprès de Joël

Bermude aurait sans doute été son souhait le plus cher. Donc bingo ! Elvis allait faire une bonne action.

Primo, enlever le bâton du derrière de la demoiselle. C'est qu'il était bien enfoncé, la vache ! Elvis dut s'y prendre à deux mains et se retrouva sur la carpette. Deuzio, fourrer le bâton dans le poêle et l'allumer. Il restait encore quelques bûches. Même si on était en été, les nuits étaient fraîches, surtout au milieu des arbres.

S'il était honnête avec lui-même, il devait bien s'avouer que ça lui faisait de la peine pour cette fille. Mais ayant dû faire face tout gosse à des situations dramatiques, il s'était blindé. Tertio, amener Rita jusqu'au puits. Là, c'était un sport réservé à un athlète de haut niveau et Elvis avait depuis longtemps choisi entre une taille de guêpe et une bouée gorgée de bière, estimant qu'on n'a qu'une vie et que picoler était un des grands plaisirs de l'existence. En plus, il contribuait à la lutte contre le chômage car, comme disait son ami Johnny Cadillac[1] : « Boire une bière, c'est sauver un brasseur. Mais si tu veux sauver la brasserie, y faut en boire plusieurs[2]. » Il lui fallut un temps infini pour faire rouler la majorette au bas du lit. Ensuite, pour l'emmener au pied des escaliers, ce fut la Berezina ! Il n'eut d'autre choix que de la pousser au bas des marches à coups de santiags.

Une fois dehors, il la traîna jusqu'au puits près duquel il s'assit, complètement essoufflé. Il braqua sa lampe de poche au-dessus de l'ouverture et constata avec stupeur que les branchages avaient disparu ! En allant brûler le bâton dans le poêle de la cuisine, il avait vu une pelote de ficelle dans le

---

1. Johnny Cadillac : le meilleur sosie de Johnny Halliday, mais aussi un mec plus ultra !
2. L'équivalent breton, selon ma pote Lavanant, c'est « boire un canon, c'est sauver un vigneron ».

tiroir et courut la chercher. Y attacha la lampe de poche qu'il fit descendre jusqu'au fond du puits... Le cadavre de *Bouffi et les vampires* s'était volatilisé !

Sidéré, Elvis sentit que c'était pour lui le début d'une longue série d'emmerdes. La mort de la majorette avait-elle un lien avec celle de la star ? Il soupçonnait le ou les auteurs de ce crime d'avoir un autre but que de prendre leur pied et de vouloir soutirer des renseignements pour savoir où était cachée la dépouille de Joël Bermude. Ce n'était qu'une supposition, dictée par cette petite voix au fond de lui qu'il avait pris l'habitude d'écouter, parce qu'elle devait venir du King. Donc, il était fort probable que quelqu'un avait vu l'accident...

Il ne lui restait plus qu'une chose à faire : foutre le camp fissa de cette maison et trouver une autre cachette pour faire disparaître le corps de Rita qu'il ramena dans le hall.

S'il n'avait pas eu de contrat à honorer, Elvis serait rentré chez lui à Bruxelles. Seulement voilà, il ne voulait surtout pas déshonorer la mémoire du King et, pour lui, un contrat, c'était sacré. Sans compter que son coach Bouli serait furax car il avait des projets pour la vedette des Marolles, avec T-shirts à son effigie, casquettes Jupiler surmontées d'une banane, porte-clefs en forme de guitare, etc. Tout comme le King. Le colonel Parker avait contribué à la gloire et à la fortune du chanteur et, lui, Bouli, avait les mêmes ambitions. Il disait souvent : « C'est pas parce qu'on est cul-de-jatte qu'on a perdu ses neurones. » Et de fait, il compensait son handicap en fourmillant d'idées et en ayant repris la devise du colonel : « Chante, je m'occupe du reste. » C'est lui aussi qui lui avait appris à manier sa guitare comme le King : « Imagine-toi que c'est le corps d'une bimbo, caresse-la ! » Dès qu'Elvis Cadillac avait commencé à gagner un peu de fric, son coach lui avait conseillé de s'acheter une Cadillac chez un ferrailleur, parce que les signes extérieurs de richesse, ça rassure les groupies. Tom Parker n'avait jamais fait signer de contrat à Elvis Presley. Bouli non plus. Ils s'étaient tapé dans la main et *zou*, l'affaire était conclue, à la vie à la mort et remets-moi une bière, gamin ! Autre argument de choc quand Bouli s'était proposé comme manager et pourquoi pas agent de star, il avait un point commun de taille avec le colonel Parker : tous deux avaient vendu des saucisses. Et pour persuader son poulain de ne jamais chercher à changer d'agent, Bouli lui avait cité cette phrase de Philippe Léotard : « Changer d'agent, c'est comme changer de chaise longue sur le *Titanic*. »

Soudain, le GSM d'Elvis sonna. À croire que le fait de penser à son coach avait envoyé des ondes magnétiques au-delà des forêts ardennaises ! Il n'avait pas l'intention de répondre, mais c'était Bouli, et s'il faisait la sourde oreille ce dernier serait capable d'appeler les flics, estimant qu'Elvis devait rester branché jour et nuit parce que le business passe avant tout. Et là, il venait d'avoir une idée de génie qui ne pouvait attendre une minute de plus.

— Tu devrais écrire une parodie de *King Creole* pour les Bruxellois. Regarde le succès du Grand Jojo[1] ! Il est chez Universal maintenant ! Donc j'ai pensé à un truc comme King Crolles[2] ! Génial, hein ?

— Heu... tu vois, j'suis pas convaincu et... ça va dénaturer l'image du King.

---

1. Le Grand Jojo (de Lange Jojo pour les Flamands), auteur bruxellois de chansons à textes dont « Chef, un p'tit verre on a soif », « Victor le footballiste », etc.
2. King Crolles, c'est quand même plus tof que King Creole, hein ! Des crolles chez nous autres, ce sont des tire-bouchons que tu fais dans tes p'tits ch'veux avec des bigoudis pour ressembler à la Pompadour. Ma mère par exemple, elle y passe ses matinées.

— M'enfin, t'es con ! Presley avait de l'humour, mec. J'suis sûr qu'on va faire un carton ! Déjà, je peux t'assurer que ça passera sur les ondes de radio Molenbeek. J'ai ma matante Yvonne qui tricote des pulls au DJ. Puis j'peux aussi te décrocher une interview à Canal Zoom, j'ai mon neveu qui nettoie les locaux. Et chez Bob Boutique, parce que c'est l'arrière-petit-cousin de mon mononcle Joseph. Bon, d'accord c'est pas l'émission télé de Ed Sullivan à New York où le King avait été invité, mais c'est déjà un début et n'oublie pas qu'Elvis aussi a commencé petit.

— Ouais, sauf qu'à mon âge, il était une star.

— Non, il était mort.

— Bon, je vais réfléchir à ta proposition, promit Elvis.

— T'as intérêt parce que n'oublie pas ce que je t'ai promis, fit Bouli qui reprenait une fois de plus une des devises du colonel : « Je ferai de toi une légende couleur de poussière d'or. »

Elvis avait bien conscience que, depuis qu'il avait perdu ses jambes dans le broyeur à viande hachée, son coach se donnait corps et âme à son poulain qui était devenu sa raison de vivre. Mais ce qu'il ignorait, c'est que pour lui – comme pour Tom Parker –, la chanson n'était pas de l'art, mais du commerce. N'empêche que Bouli était devenu son moteur, et quand il avait des doutes, des pannes ou des angoisses, il le reboostait à bloc. Puis au moins avec lui, Elvis savait qu'il ne risquait pas d'aller chanter à l'Olympia. Il s'y serait senti comme une sardine dans un banc de requins. Lui, il n'avait jamais rêvé de voir son nom en haut de l'affiche et se contentait de petits concerts dans des endroits modestes. Trop d'ambition tue le bonheur.

— Ça va sinon ? demanda Bouli.

— Tout baigne, déclara Elvis en contemplant la majorette affalée au pied des escaliers.

Ce coup de fil lui avait fait du bien et l'avait sorti un moment du cauchemar dans lequel il s'était empêtré ces derniers jours. Il repensa à cette phrase de Milton : « L'esprit est un territoire en soi, qui peut faire de l'enfer un paradis et du paradis un enfer. » Il l'avait recopiée et punaisée dans ses toilettes, endroit stratégique pour lui, puisque c'était là que sa vie avait basculé dans le drame. C'est à l'occasion d'un arrêt pipi dans un restoroute que sa mère avait disparu quand il était gamin. Pour Elvis, ce lieu n'était pas anodin. Et chaque fois qu'il y allait, il craignait qu'il se passe quelque chose qui allait de nouveau bouleverser son existence.

Il fallait qu'il trouve une petite chambre en ville, il y serait bien plus en sécurité qu'ici. Mais avant, il devait se débarrasser du corps.

Il le traîna jusqu'à sa Cadillac et le hissa dans son coffre. Puis il remonta chercher ses affaires. C'est là qu'il aperçut le sac à dos de la majorette planqué dans un coin. Visiblement, elle avait eu l'intention de s'installer chez lui. Il l'ouvrit et découvrit quelque chose de bizarre sous ses fringues. Une statuette de la Vierge à la peinture écaillée. Pourquoi est-ce qu'elle se trimbalait avec ce truc ?

Elvis engouffra ses affaires sur le siège arrière, puis enfourna le sac à dos dans le coffre avec sa propriétaire, mais au dernier moment, il en extirpa la statuette, vieux relent de culpabilité catholique sans doute. Ça le dérangeait moins de faire disparaître la majorette – pas le choix ! – que la sainte qu'il installa sur la plage arrière de sa Cadillac. C'était aussi sa façon d'honorer la mémoire de la défunte.

Découvrant l'intruse, Priscilla se mit à grogner. C'était qui, cette nouvelle gonzesse avec ses fringues ringardes bleu layette ? Pas stylée !

Son maître lui expliqua que la Sainte Vierge allait veiller sur eux et ferait en sorte qu'ils n'aient pas d'accident. La chienne sauta par-dessus la banquette et alla renifler la chose. Elle parut satisfaite. La dame ne sentait rien. C'était pas une rivale.

Elvis démarra en trombe, pressé de quitter ces lieux maudits.

12

— Passe-moi le sécateur ! Hé, mec, tu captes ou quoi ?

Spéculoos avait l'air tétanisé devant le cadavre de Joël Bermude, qui ressemblait à Rambo en pleine jungle avec des brindilles accrochées à ses cheveux.

— Allô ? Putain mec, t'assures pas, hein ! Tu seras jamais assistant en chirurgie.

— Tu vas vraiment lui couper un doigt ?

— T'as une autre suggestion ? Le trimbaler en entier jusqu'à son coffre-fort et lui coller l'index dessus ? Du genre discret : tiens, m'sieur le commissaire, en nettoyant mes carreaux j'ai vu deux types qui traînaient le cadavre du voisin...

— Ouais, mais bon, c'est quand même relou de lui couper le doigt.

— Reste dans ta bouse, je vais me débrouiller tout seul.

Mickey alla chercher le sécateur et *crac !* d'un coup, il sectionna l'index de la vedette. Le corps était déjà rigide et l'os craqua comme du bois sec. Le sang coula un peu.

— Et après qu'est-ce qu'on va faire de lui ? demanda Spéculoos, à deux doigts (c'est le cas de le dire) de foncer dégueuler dehors.

— Une chose à la fois. Faut jamais mettre la charogne avant les bœufs. Là, tu le gardes pépère pendant que je vais ouvrir ce putain de coffre. Avec la carrière qu'il a faite à la télé, il a dû entasser un max de pognon.

— J'préfère venir avec toi..., geignit Spéculoos.

— Quoi ? T'as pas confiance ? T'as peur que j'me tire avec le blé ?

— Non, c'est pas ça... Mais rester tout seul avec un cadavre...

— Quelle gonzesse ! Y va pas te mordre, hein !

— Ma grand-mère, elle racontait que les morts reviennent parfois se venger des vivants et...

— Tu crois ces conneries ? se moqua Mickey. Toute façon, c'est pas nous qui l'avons tué. S'il doit se venger, c'est sur l'autre tarlouze avec son costard de Power Rangers.

— Ouais, t'as raison. Mais bon, j'préférerais aller avec toi quand même. Y risque pas de se barrer !

— Et moi, je veux que tu surveilles la baraque. C'est plus prudent. Puis j'aime pas qu'on discute mes ordres. J'y vais.

— OK, se résigna Spéculoos. Mais magne-toi ! J'aime pas rest...

Pas le temps de finir sa phrase. Mickey était sorti en claquant la porte.

Spéculoos s'adossa au mur et se roula un pétard. Il en avait bien besoin ! Après quelques bouffées, il se sentit mieux. Joël Bermude semblait roupiller dans le fauteuil déglingué qui trônait dans un coin de la pièce vide. Ce qui gênait le plus Spéculoos, dans le fond, c'est pas tellement qu'il soit mort, mais à poil. Il décida de chercher une couverture ou un drap. Parmi toutes les merdes qui jonchaient le sol, il trouva une vieille tenture qu'il posa sur le macchabée. Et sans doute parce que ça le rendait plus humain et plus digne, Spéculoos se mit à lui causer.

— Quand même ! Avoir été une vedette de télé et se retrouver mort dans le fauteuil d'un entrepôt, c'est pas top ! Mais c'est pas not' faute. On voulait pas te tuer. Bon, d'accord, si je ne t'avais pas laissé t'échapper, tu serais encore vivant. Mais merde, quoi ! T'avais qu'à pas t'enfuir, hein ! J'parie que tu pouvais avoir toutes les meufs que tu voulais. Quand tu passes à la téloche, même si t'as une gueule de con, les filles sont folles de toi. Mickey m'a dit que t'étais pas mal quand t'étais jeune. Il a vu des photos sur Internet. Mais bon, là, ça se voit plus. Dis donc, tu devais être blindé ! Quel pied de pouvoir t'acheter tout ce que tu voulais. Ma frangine, elle a un poster de toi dans son salon de coiffure. T'imagines si elle savait qu'on se connaît intimement ? Maintenant que j't'ai vu à poil. J'ai pas osé te causer quand je te surveillais, pourtant j'avais bien envie de te demander un autographe pour l'épater. Mais un gardien ne parle pas à ses prisonniers. C'est Mickey qui l'a dit. Il sait plein de trucs, lui. Il a été en taule parce qu'il dealait de la coke. Ça l'a pas vacciné ! Faut pas lui en vouloir. Il est pas méchant et c'est mon seul ami. Moi, j'ai pas le profil pour avoir des potes. Depuis que je suis petit, tout le monde se fout de ma gueule. J'sais pas pourquoi. Tu crois que c'est parce que je bouffe des glaces aux spéculoos ? Parce que c'est un truc de gosse ? Tu sais pourquoi j'aime ça ? Parce que ma grand-mère m'en donnait tout le temps quand j'étais gamin. Elle disait que quand elle serait plus là, chaque fois que j'en mangerais, je penserais à elle. Et c'est la seule qui m'a vraiment aimé... Rien qu'en les goûtant, j'ai l'impression qu'elle est près de moi et qu'elle me protège. Dans la vie, y a deux sortes de gens : ceux qui sont nés pour taper et ceux qui ramassent les baffes. Mon père l'a compris tout de suite. Il me tabassait pour des conneries. Juste pour passer ses nerfs. Et en plus, il souriait... Toi aussi tu souris, on dirait ! Ça te fait marrer ce que j'raconte ? Hé ? Arrête, j'aime pas qu'on se paie ma tronche. T'entends, face de singe ?

Furax, Spéculoos lui serra la mâchoire pour tenter de changer son expression. Mais le mort souriait toujours. Alors il sortit un canif de sa poche et lui fendit les lèvres depuis la base du nez jusqu'au menton, formant ainsi une croix qui se mit à saigner. Un peu comme celle du Christ.

Puis il s'adossa au mur et se roula un autre pétard, avec le sentiment de s'être enfin vengé de son père.

13

It's now or never... Elvis chantait à tue-tête pour entretenir ses cordes vocales, car même en plein déluge, l'art passe avant tout. Et le King méritait le plus bel hommage et pas un concert ringard. Il avait mis la zique à fond et formait un duo parfait avec son idole. Il ne pouvait s'empêcher de penser que, de là-haut, le King l'entendait et veillait sur lui comme un ange gardien. La preuve, quand il s'était trouvé au cœur d'un meurtre, lors d'une prestation à un anniversaire, il avait reçu un coup de fil d'Elvis Presley qui lui avait donné une clef à travers une de ses chansons. Au début, il avait cru à une hallucination. Mais quand le nom d'Elvis s'était affiché sur son GSM et qu'il avait entendu sa voix, plus de doute ! C'était bien lui.

Il avait bien tenté de le rappeler par la suite, en vain. Impossible de le joindre. Ce phénomène étrange était donc à sens unique. Jamais il ne pourrait raconter ça à qui que ce soit ! On le prendrait pour un toqué. Déjà que ses voisins dans les Marolles se fichaient de sa tronche parce qu'il allait faire ses courses en santiags, boudiné dans son costard à paillettes... Par contre, personne ne se moquait de tous ces ploucs en jogging avachi, avec le bide à l'air. Le confort a tué l'élégance. C'est le même serial killer que pour l'amour.

Your lips excite me
Let your arms invite me
For who knows when
We'll meet again this way

Pendant ce temps, la majorette bringuebalait dans le coffre. La chanson, c'est magique ! Elvis en avait presque oublié dans quels sales draps il était. Il roulait à fond les ballons sur la route des Ardennes, avec des arbres de chaque côté, pareils à des dessins à l'encre noire sur un ciel de nuit. Quelque chose de Spilliaert, son peintre préféré. Parce qu'il aimait les livres et la peinture, Elvis, le King from Charleroi. Sous ses airs de beauf, il cachait une grande sensibilité à l'art. La musique lui avait sauvé la vie, mais la peinture et la littérature étaient ses îles au soleil. Des petits bouts de rêves déchiquetés dans les tissus du malheur. Parce qu'il avait eu son lot de bonbons pourris. Et c'était pas fini !

Qu'allait-il faire de la majorette ? Au bistrot, il avait entendu parler de l'Eau d'Heure, un lac si profond qu'un bus ayant raté son virage y était tombé. Des hommes-grenouilles avaient plongé dans les eaux troubles et étaient revenus bredouilles. Les habitants avaient appelé cet endroit « la bouche du diable ». Parce qu'elle engloutissait tout.

Kiss me my darling
Be mine tonight
Tomorrow will be too late
It's now or never
My love won't wait...

Et soudain, *paf !* Ce fut la cata. Elvis perdit le contrôle de sa Cadillac qui alla flirter avec le fossé. In extremis, il évita un arbre et stoppa à quelques centimètres du suivant. Priscilla avait volé en bas du siège. Elle se redressa en grognant, l'œil mauvais et la banane écrasée que tu peux t'en servir pour faire une panade[1].

— Qué couille, ti ! fit son mémaître, guère plus fringant. Ça va, fifille ?

Putain mec, t'as vraiment des bêtes questions, toi ! Déjà que tu conduis comme une patate... Ça, c'est encore à cause de ce type qui t'imite. J'comprends que tu sois énervé ! Il porte ton nom, a le même costume que toi sur les photos et en plus il chante tes chansons. J'te jure que si un jour je le rencontre, je lui bouffe les breloques à ce stoemenboer[2].

— Merde ! Je sais pas changer une roue, j'ai jamais fait ça...

Elvis composa le numéro de son coach. Il savait qu'il pouvait compter sur lui, même dans les situations les plus désespérées. Bouli ne coupait jamais son portable et dormait avec, à côté de son oreiller. C'était son doudou. Même quand il avait encore ses guiboles, il ne l'éteignait jamais, parce que, disait-il, un bon agent doit être au taquet night and day.

— Allô, c'est Elvis...

— J' sais que c'est toi, Biloute. Y a ton blaze qui s'affiche. Ça va ?

---

1. Panade : miche pape, sorte de bouillie pour bébés ou ceux qui n'ont plus de dents, avec de la banane écrasée, un *betterfood* (c'est un biscuit que tu ne trouves qu'en Belgique) et un jus d'orange (bio sinon tu avales des pesticides qui, selon les études épidémiologiques, vont détériorer tes cellules et provoquer des maladies neurodégénératives, sachant en plus qu'il peut y avoir des traces de substances phytopharmaceutiques). Bref, c'est comme pour le pinard. Tout est frelaté sauf les produits bio, paraît-il. Donc là, tu peux te murger en toute quiétude... T'enfiles deux boutanges, et c'est bon pour ta santé.

2. Stoemenboer : pauv'clette ! Si tu veux traiter ton voisin qui tond sa pelouse le dimanche, ça se prononce « stoumenbour » (pour les Français). Nous autres on sait.

— Non. J'ai crevé et j'sais pas changer un pneu.
— Appelle Assistance Secours et...
— Non, j'peux pas.
— Por qué ?
— Parce que j'ai une majorette dans le coffre.
— Ah ! Ah ! Elle est bien bonne ! T'as pas aimé quand elle a joué du tambour ?
— Rigole pas, elle est morte.
— Ah merde ! lâcha Bouli. Tu l'as tuée ?
— Non. On a passé la nuit ensemble puis quand j'suis allé faire des courses je l'ai trouvée avec un bâton dans le... Enfin je te passe les détails.
— Bref, t'es dans la merde, c'est le cas de le dire. Alors, bouge pas et prie.
— Hein ? C'est tout ce que t'as à me dire pour me sortir de là ?
— J'vois rien d'autre, soupira Bouli. Ma bobonne me disait que ça pouvait toujours servir et que, dans les cas désespérés, fallait mettre un cierge à sainte Rita.
— J'suis entouré de forêts, y a pas de cierges ici.
— Allume ton briquet et agite la flamme vers le ciel. Conseil de coach.
— Toi, tu te fous de ma gueule.
— J'te jure que non ! Essaie, j'te dis. Dieu t'enverra du secours.
— Tu parles ! Ça me fait une belle jambe... Oh pardon, Bouli, je ne pensais plus à...
— T'inquiète, je ne me formalise pas. Je vis presque comme avant sauf que je ne mange plus de boulettes. Alors, t'as allumé ton briquet ?

Elvis ne lui avait pas parlé de la star qu'il avait renversée en bagnole. Fallait pas surcharger la mule. Mais si son coach avait su qu'il était dans un tel pétrin, il aurait cessé de croire au Bon Dieu.

Perdu pour perdu, Elvis alluma son briquet et agita sa main vers le ciel, en espérant que là-haut, pas Dieu parce qu'il n'y croyait pas, mais le King allait lui envoyer un ange.

Et au moment où il faillit brûler sa capote avec ses biestries[1], l'ange apparut.

---

1. Des biestries, quand t'en fais plus, c'est que t'es vieux.

14

À la tête de Mickey, Spéculoos vit tout de suite qu'il y avait un gros blème.

— Qu'est-ce qui se passe ?
— Y se passe que le coffre-fort du vieux est vide !
— Hein ? C't'une blague !
— Non. Quand j'suis arrivé, y avait plus rien dedans. Que dalle ! À mon avis, c'est l'autre tarlouze à paillettes qui a fait le coup. Le vieux n'était pas mort quand il l'a renversé et il a dû lâcher le morceau. Merci, connard !
— Avant de le traiter de connard, faut être certain que c'est lui, objecta Spéculoos.
— C'est pas lui que je traite de connard, c'est toi ! Si tu ne l'avais pas laissé s'échapper, on serait riches maintenant.
— Désolé...
— Désolé ! C'est tout ce que tu sais dire, hein, crétin ! On a fait tout ce bazar pour boulchit ! Et puis qu'est-ce qu'il fout sous sa couverture l'aut' vedette ? Il avait froid ?

Spéculoos ne mouftait plus. Il savait qu'il valait mieux la fermer quand Mickey était en rogne. Et là, il avait grave les boules.

— Bon, va falloir se débarrasser de MacGyver. J'vais chercher la tronçonneuse.

— QUOI ? Tu ne vas pas le découper, quand même ?
— Non. Pas moi. Toi, tu vas le faire.
— Hein ? Ah non, c'est pas possible ! Quand j'vois une goutte de sang, je tourne de l'œil et...
— Et la chochotte elle va se faire pousser fissa une paire de couilles, sinon elle va ramasser mon poing dans la chetron.
— Mickey, je t'en supplie, man, fais pas ça.
— Un cadavre en morceaux est plus facile à fourguer. Quand il sera en kit, on l'emmènera à la décharge.
— Et si on le trouve ? Vaut pas mieux s'en débarrasser au lac de l'Eau d'Heure ? Il est profond...
— Trop loin. C'est à 20 km d'ici et, à cette heure, on risque de croiser du monde.
— Et au lac de Virelles ?
— T'es ouf, toi ! C'est pire et il est bien plus petit. T'inquiète, y a aucune chance qu'on le retrouve dans tout ce merdier. Puis ton nom ne sera pas tatoué sur son bide.
— Quand même, c'est pas cool de découper une vedette, décréta Spéculoos.
— Ah, parce que s'il était pas passé à la télé, c'était pas grave ?
— C'est pas ce que j'veux dire. C'est un sacrilège, quoi.
— V'là que t'as des principes maint'nant ? Ce qui était pas cool, mec, c'était de le laisser s'échapper et, à cause de toi, il s'est fait écraser par une bagnole. Alors tes scrupules, fallait te les carrer où j'pense avant.

Mickey disparut et revint quelques secondes plus tard avec la tronçonneuse qui vrombissait au bout de son fil. Il la posa dans les pattes de son camarade et dit :

— Tu me fais des belles tranches. Pas besoin de fignoler. Je vais m'en griller une et chercher des sacs-poubelle chez ma vieille. Quand j'reviens, on emballe les jambonneaux et on va livrer la marchandise. Allez, haut les cœurs !

Spéculoos resta un moment figé avec la tronçonneuse qui continuait à vrombir. Puis, il s'approcha du cadavre, souleva la couverture, posa la lame sur le bras de Joël Bermude et ferma les yeux.

15

L'ange avait surgi de la forêt à vélo. Et ces êtres venus d'ailleurs ne sont pas toujours comme on les imagine : diaphanes aux longues boucles d'or avec une paire d'ailes blanches. Non, non... Ils peuvent prendre des formes diverses. Ici donc, il avait l'apparence d'une vieille bique avec des baskets fluos et une minijupe en imitation léopard, qui pédalait comme une dératée, chargée d'un gros sac de beu accroché à son porte-paquet[1]. Les messagers de Dieu n'apportent pas que la bonne parole, ils peuvent aussi vendre du rêve. Et comme l'angélique mémé faisait pousser l'herbe elle-même dans les bacs à fleurs fixés sur le toit de sa caravane, devenu un jardinet sauvage, le prix des rêves valait une blinde. Bon d'accord, c'était pas bio, mais y avait pas de pesticides.

Elle stoppa net en faisant un moulinet arrière avec ses pédales (c'était un Torpédo). Puis elle toqua à la vitre. Elvis

---

1. Porte-paquet : porte-bagages chez les Français. Chez nous autres, quand on part à vélo, on emmène un paquet. Et si on a des bagages, on les met dans la voiture. C'est juste pour dire que les Belges ont plus le sens pratique que les Français. Tu te vois pédaler avec des valises sur ton vélo, toi ?

l'ouvrit en toute confiance, faut pas se méfier des petites vieilles. Ben si !

— Qu'est-ce que tu fais là, mon biquet ? demanda-t-elle en voyant le bellâtre des dance floors.

— J'attends un ange...

— J'suis là.

— D'accord...

— On est in the ghetto ?

— Euh, on peut le dire. J'ai crevé un pneu.

— Ah ! Ah ! Et tu sais pas le réparer, c'est ça ?

— Oui, avoua-t-il, honteux.

— T'as une roue de secours au moins ?

— Oui, oui dans le... en fait non, se reprit-il de justesse, ayant oublié la majorette dans le coffre.

— Bref, tu sais pas. Je vais voir, ouvre ton coffre.

— C'est-à-dire que... il est bloqué.

— Rien ne me résiste !

Elle fouilla dans sa sacoche accrochée au guidon de son vélo et en extirpa une grosse tenaille. Elvis n'eut pas le temps de sortir de sa bagnole qu'elle était déjà en train de forcer la serrure qui céda aussitôt.

Il la vit extraire la roue de secours et refermer le coffre comme si de rien n'était. À tel point qu'il se demanda si la majorette ne s'était pas volatilisée comme par miracle !

La vieille remplaça la roue en un tournemain. On aurait dit qu'elle avait fait ça toute sa vie.

— Voilà, fit-elle en remettant la tenaille dans sa sacoche. Faut toujours être outillé. On ne sait jamais sur qui on peut tomber. Tu peux me déposer ? J'en ai ma claque de pédaler.

— Euh, et votre vélo ?

— On va le mettre sur la banquette arrière. Y a pas de place dans le cul de ta bagnole. Y a quelqu'un.

C'est ainsi que mémé Cornemuse[1], la plus incroyable et la plus pétée de toutes les créatures de la Terre, débarqua dans la vie d'Elvis Cadillac.

C'était tout, sauf un ange. Mais qu'est-ce qu'on s'emmerde avec les anges !

---

1. Mémé Cornemuse (toutes ses aventures sont chez Pocket).

16

— T'as fini tes découpages, fieu ? demanda Mickey qui rappliquait, un pétard au bec et les bras chargés de sacs-poubelle, après avoir laissé son petit camarade pendant une heure tout seul.

Spéculoos était couleur lavabo.

— Putain ! T'as l'air d'avoir avalé une ventouse.

— J'ai envie de gerber.

— T'es pas enceinte ? se marra Mickey en enjambant un bras tombé sur le sol ensanglanté.

— Arrête, c'est pas drôle ! J'ai d'abord découpé sa tête pour plus le voir. Même à travers ses paupières fermées, j'avais l'impression qu'il me regardait. Puis les jambes. Et là, il me reste un bras. Si t'es pas content, achève-le parce que j'en ai marre. C'est toujours moi qui me tape le sale boulot.

— Normal. J'suis le cerveau. Qui c'est qui a trouvé ce plan ?

— Toi.

— Et qui c'est qui l'a fait foirer ?

— Moi...

— Voilà. Tout est dit. Alors continue à tronçonner. Et ramasse ce bras, ça fait désordre. Quand t'auras fini, tu fourres tout dans les sacs-poubelle, double nœud, et on embarque la marchandise.

— Tu... Tu restes là, hein ?

— Non, j'vais prendre l'air. J'aime pas le bruit de la tronçonneuse, ça me donne des acouphènes.

Au moment de sortir, Mickey se retourna.

— Hé, Dexter, après tu me nettoies tout ce bordel nickel, hein ! Je t'ai apporté un bidon d'eau de Javel. J'te le ramène, il est dans ma cage.

Quand Spéculoos eut exécuté les ordres de son chef de meute, ils embarquèrent les restes de la vedette dans la Jeep recouverte d'une bâche, et roule ma poule, direction la décharge. Peu de chance de rencontrer des keufs sur la route. C'était l'heure de l'apéro.

À l'arrière, Joël Bermude, en kit, bringuebalait au rythme des dos-d'âne qui jalonnaient la chaussée, invention politique pour tenter de faire ralentir les automobilistes afin de ne pas écraser les morveux.

Mickey avait mis Booba à donf et roulait à fond de caisse comme s'il était dans un jeu vidéo.

Les deux truffes ne s'aperçurent même pas que la bâche venait de s'ouvrir à l'arrière et qu'un sac était tombé sur le tarmac.

17

— Vous allez me dénoncer à la police ? s'inquiéta Elvis.

— T'es zinzin ? Est-ce que j'ai une gueule à moucharder chez les jambonneaux ? Chacun fait son lit comme il se douche. Pas mon problème si la dondon préfère voyager dans le coffre plutôt que sur la banquette.

— Ça ne vous choque pas ?

— Non, pourquoi ? Moi, j'suis une bimbo très sympa, mais quand on m'emmerde, je flingue.

Sur ce, elle extirpa un pétard de sa sacoche et le braqua sur Elvis.

— Hé, oh ! J'vous ai rien fait !

— Pas encore. C'est préventif. Ah ! Ah ! It's a joke, comme dit Jean-Claude.

— Jean-Claude ?

— Mon fiancé. JCVD.

— Très drôle ! Mais rangez vot' joujou,...

— Tu crois quoi, gamin ? Que c'est un pistolet à eau ?

Et elle tira dans le pare-brise qui vola en éclats. La Cadillac fit une embardée, mais Elvis eut le réflexe de braquer le volant et de freiner d'un coup sec pour ne pas aller s'embourber dans le fossé. Heureusement, à cette heure tardive, personne ne le suivait.

— Vous êtes complètement maboule, vous ! s'écria-t-il, furax. Vous avez bousillé ma bagnole !

— C'est que du verre. Puis on s'est bien amusés, hein !

— C'est pas drôle. Ça coûte une blinde de remplacer un pare-brise.

— Il a pas d'assurance ?

— Si, mais...

— Alors ? De quoi il se plaint ?

— N'empêche que vous êtes dingue. Vous vous rendez compte qu'on a failli avoir un accident ?

— Mais on l'a pas eu, alors *clap* camembert. Et toi, mon biquet, t'es pas fou de te balader avec une majorette dans le coffre de ta limousine ?

Elvis Cadillac dut s'avouer qu'elle venait de marquer un point.

— On était faits pour se rencontrer. Moi, c'est mémé Cornemuse. Chantée, fit-elle en lui tendant sa paluche qui ressemblait à un vieux crabe aux pattes crochues.

— Chanté, moi, c'est Elvis Cadillac, annonça-t-il en lui présentant la sienne.

— Comme Johnny Cadillac ?

— Oui, c'est mon meilleur ami. On nous confond souvent et j'ai voulu changer mon nom contre Elvis Plymouth, mais mon coach dit que c'est pas vendeur. Vot' nom, c'est pas mal non plus.

— C'est parce que j'aime bien les Écossais, à cause qu'ils portent pas de culotte.

— C'est une légende...

— Pas du tout ! J'ai vérifié.

— Dites donc, plaisanta Elvis, quand JCVD sera au courant...

— D'abord, il le saura pas. Ma grand-mère disait toujours : « Ce que l'autre ne sait pas ne lui fait pas mal. » On regrette plus rarement ce qu'on a dit que ce qu'on n'a pas dit. Faut savoir fermer sa gueule. Et ensuite, on est un couple libre.

— C'est drôle... Il me semble que ma mère m'avait lu un article sur vous dans une revue people. J'ai rêvé ?

— Pas du tout. Je suis allée à Cannes et je me suis fait photographier avec Jean-Claude, puis j'ai envoyé la photo à *Voici* en leur annonçant nos fiançailles.

— Et... il est au courant ?

— T'insinues quoi, là, gamin ? fit-elle, soudain menaçante.

— Rien, rien...

J'suis tombé sur une mytho. C'est n'importe quoi ! JCVD qui peut avoir toutes les gonzesses qu'il veut ne se retournerait même pas sur cette vieille toquée. Mais bon, faut pas la contrarier sinon elle va encore sortir son flingue.

— Allez, avance Dick Rivers, j'ai la dalle, faut que tu t'arrêtes au resto.

— Je ne suis pas Dick Rivers mais Elvis Cadillac.

— Pareil, t'as un hot dog sur le crâne et des obus aux pieds.

— Je ne ressemble pas du tout à Dick Rivers, s'insurgea Elvis.

— Ah, parce que tu trouves que tu ressembles au King ? T'es presleybyte ou quoi ? Cesse de chipoter, puis je m'en fous, tu serais encore le prince Charles que ça changerait rien. J'ai l'estomac dans les baskets.

— Y a pas de resto dans le coin à cette heure, puis ce serait risqué avec ce que j'ai dans mon coffre...

— QUOI ? Tu me laisserais crever de faim alors que je viens de changer ta roue ?

— Et de péter mon pare-brise...

— T'en as pas besoin pour rouler, puis ça donne de l'air, décréta-t-elle.

— Je veux me débarrasser d'abord de mon colis, et après on verra.

— C'est tout vu ! fit-elle en sortant à nouveau son flingue qu'elle pointa cette fois sur la tempe du conducteur. Sinon, je te dénonce à la police.

— Hein ? Mais vous aviez dit que...

— Tatata ! Ma compassion envers le genre humain a ses limites. Tu m'invites au resto, ou je creuse un tunnel sous ta banane.

— C'est du chantage !

— Non, c'est t'inciter à porter assistance à personne en danger. Moi, quand j'ai l'estomac vide, je deviens agressive.

— Y a un Quick pas très loin, proposa Elvis qui voyait bien qu'elle ne rigolait pas avec son pétard.

Faut se méfier des vieux, y tirent n'importe où.

— J'aurais préféré chez Gagnaire, mais bon, prochaine fois.

Prochaine fois ? Non, mais elle croit qu'elle va s'incruster, la vieille ? Quand elle aura bouffé, je la largue au milieu de nulle part et au revoir, mémère. Cor une chance que les restos soient fermés la nuit, sinon elle m'aurait coûté une blinde.

Elvis gara sa Cadillac devant le Quick pour pouvoir la surveiller et confia à Priscilla la tâche de mordre quiconque s'en approcherait. Puis mémé Cornemuse et lui entrèrent dans le temple de la gastro prémâchée. Il n'y avait qu'une caisse ouverte et, heureusement, peu de monde. Mais le gars juste avant eux était un jeune cadre dynamique du genre spépieux[1].

---

1. Spépieux : radin, un qui chipote avec tout. Bref un emmerdeur de première. T'as pas vu *Le Spépieux* de Molière, toi ?

— Y a quoi, dans votre viande ? demanda-t-il au serveur.
— Heu, c'est de la viande de bœuf, je crois.
— J'vous demande pas ce que c'est, mais ce qu'il y a dedans. Comme par exemple des hormones ou autres saloperies qu'on met dans la nourriture aujourd'hui.
— Je ne sais pas, monsieur.
— Hé, faut savoir ! Moi, je ne mange pas n'importe quoi. Appelez-moi le patron.

Cornemuse commençait sérieusement à s'énerver et Elvis n'arrêtait pas de surveiller sa bagnole. Pas de bol de tomber sur un pinailleur bobo écolo.

— Y a que le cuistot.
— Dites-lui de venir, insista l'emmerdeur.
— Bolos ! Y a un client qui te réclame.

Le cuistot apparut quelques secondes plus tard, plein de sueur.

— Qu'est-ce qu'il y a dans votre viande ?
— C'est du « blanc bleu belge », pur bœuf, monsieur.
— Ah... et dans la sauce, y a pas de dioxyde de titane ?

La vieille péta un câble. Elle sortit son flingue et lui ordonna de se casser fissa avec sa bidoche sinon, je te la fais bouffer par les trous de nez, p'tit con.

Il prit son hamburger, le paya et s'en alla penaud en ronchonnant que les vieux, faudrait les euthanasier.

Le coup partit tout seul. Ou presque...

18

Jocelyne et René formaient un couple apparemment sans histoire, jusqu'à ce fameux soir...

Installés dans les Ardennes depuis leur mariage, ils vivaient dans un petit chalet construit par René avec l'aide de son père, décédé pendant la construction de l'habitat, après avoir reçu une poutre sur la tête. Du coup, le chalet avait pris une valeur sentimentale aux yeux de René qui s'était juré de ne jamais le quitter, en hommage à son paternel qui y avait laissé sa vie. Jocelyne et lui s'étaient rencontrés au concours de Miss Moulinex, consistant en un défilé des plus belles gonzesses du coin (le choix était limité...) qui devaient parader en maillot en moulinant des bras, ce qui faisait ressortir leurs nichons, devant un jury avisé dont René faisait partie. Jocelyne, qui était rondelette et qu'on surnommait bouboule à l'école, remporta le concours grâce à la voix de René. Faut dire que côté concurrentes, y avait des thons... Entre les maigres qui ressemblaient à un stockfish et celles à la gueule remplie d'acné, Jocelyne faisait figure de star.

Elle remporta donc un robot Moulinex et eut un article dans la gazette locale. La gloire !

René n'était pas vraiment son genre d'homme, plutôt petit, trapu et barbu. Elle, le mec qui hantait ses nuits, c'était Tony Parker. Un grand musclé, basané et plein aux as. Mais faute de grives... Donc, pour prouver sa reconnaissance à René, elle l'invita à essayer le robot chez elle. Il resta dans son emballage et ils baisèrent comme des malades sur le canapé.

Après six ans de mariage et pas de bambin malgré les essais de René, persuadé que c'était la faute à sa femme puisqu'en aucun cas sa virilité n'était en cause, le couple menait une vie plan-plan dans le chalet devenu le musée de Jocelyne qui s'était mise à fabriquer des figurines en pâte à pain, encouragée par l'atelier local Art et artisanat, proposant « un chemin de vie et de plaisir vers soi, tout en gardant un esprit d'enfant, la joie, l'enthousiasme et la découverte, miroirs de nos talents enfouis ».

Donc, pendant que son mari bossait chez son oncle qui tenait la supérette du patelin, Jocelyne, inspirée par la forêt, passait son temps à confectionner des gnomes et à les épousseter.

Et sur la cheminée, trônait le robot Moulinex, toujours dans son emballage, comme un trophée de sa jeunesse resplendissante.

René ne gagnait pas beaucoup d'argent mais suffisamment pour subvenir à leurs besoins, n'ayant ni marmaille ni animaux et se contentant d'une vieille Fiat. Jamais de vacances, pour quoi faire ? On n'est pas bien ici, au milieu des arbres ?

À la mort du vieux, René hériterait de la supérette. Son oncle n'avait pas d'enfant. Jocelyne espérait que ce jour-là, ils partiraient enfin en vacances. C'était pas gagné ! Son mari se contentait de ce qu'il avait et, le soir, sa télé lui suffisait : « Avec ça, pas besoin d'aller voir ailleurs, tu as le monde dans ton salon, et en plus tu risques pas de te faire sauter le caisson par un terroriste. »

Mais Jocelyne commençait sérieusement à s'emmerder. Une fois les gnomes époussetés, elle s'affalait dans le canapé assorti à ses tenues baba cool et se mettait à rêver. Et quand une femme commence à voir le cheval blanc du prince charmant, c'est la fin des haricots. René, lui, ne voyait rien. Plus confortable. Et vive les Diables rouges, et que j'avale un pack de Jupiler en m'excitant devant la téloche en slaches[1] et pantalon de jogging, et pendant ce temps, couillon, ta meuf rêve qu'elle se fait enlever par George Clooney.

Sauf que dans les Ardennes, t'as peu de chances de le rencontrer.

Donc, ce charmant petit couple passait sa vie dans son train-train quotidien, jusqu'à ce que le wagon déraille...

Ce soir-là, René et Jocelyne revenaient d'avoir été fêter l'anniversaire de tonton supérette et roulaient, un peu pompettes, en écoutant Joe Dassin, sur la route qui traversait la forêt.

Tous les matins, il achetait son p'tit pain au chocolat ya ya yayaï !

— Tiens, regarde fit René, on dirait la Jeep de ce connard de Mickey.

— Doit être plein mort. T'en approche pas trop près, il est capââpe de te faire des misères...

— T'as raison, ma poule.

Et pourtant, elle était belle
Les clients ne voyaient qu'elle
Il faut dire qu'elle était

---

1. Des slaches, c'est un genre de tongs belges, mais en plus beauf. Ça te donne tout de suite l'image de la personne, style, j'en ai rien à foutre. Mais c'est le nirvana pour tes panards !

Vraiment très croustillante
Autant que ses croissants...

Pris d'une envie soudaine – merci Joe –, il gara sa voiture sur le côté et fourra sa grosse paluche sous la jupe de sa femme qui se laissa faire mollement. Il lui arracha sa culotte, lui titilla un peu le clito et *zou*, j'me soulage, ah qu'ça fait du bien !

La poule n'a rien senti, mais c'est pas grave, on s'en fout.

Jocelyne en avait ras la jupette de se faire tripoter par ce nabot aux doigts boudinés, aussi habile qu'un marteau-piqueur sur un clavier de piano. Il y a longtemps que Mozart avait les tympans troués avec sa *Petite musique de nuit* et que la partition entre le couple était devenue une vraie cacophonie. C'est un fait que Jocelyne en était arrivée à ne plus supporter les pattes de son mari sur elle. Lui ne se posait aucune question, persuadé d'être un virtuose de la baise, ne se souciant de toute façon que de son propre plaisir. Voilà des plombes que Jojo en avait sa claque, mais elle fermait son clapet pour avoir la paix. Et surtout parce qu'elle n'avait pas une tune pour envisager l'hymne à la liberté.

René reprit la route, satisfait d'avoir prouvé qu'il était un mâle, un vrai.

Ah, les soirs aux petits jupons cerise, entre la pâle dentelle des rêves enfouis et la tendre caresse des rires accrochés aux lignes du cœur... Oui, bon, on s'égare, René était tout sauf romantique. Un trou, c'est un trou et sa devise était « Une bite n'a pas d'œil ». Baudelaire, va te rhabiller !

René était content, content ! Il se mit à chanter « Victor le footballiste » du Grand Jojo, quand soudain, il fit un bond et se cogna la tête au plafond.

La bagnole venait d'écraser quelque chose.

19

Mémé Cornemuse venait d'exploser le hamburger du connard de bobo qui détala comme un lapin.

Puis elle se retourna vers le serveur du Quick planqué sous son comptoir qu'elle enjamba avec une souplesse qui épata Elvis, au point qu'il ne put réprimer un sifflement admiratif. Pétoire à la main, elle obligea le frileux à sortir de sa tanière pour lui passer sa commande :

— Un giant chicken, des wraps, des fingerfood, un spicy cheesy, un big pepper, 3 grandes frites avec de la sauce curry, 4 donuts et 6 trappistes.

— Madame, on ne sert pas de trappistes ici, bredouilla le gamin qui suait sous sa casquette rouge.

— Hein ? C'est quoi, ce boui-boui de merde ! Je veux des trappistes, hurla-t-elle en pointant son flingue en direction des cuisines.

Le cuistot surgit et la rassura, lui expliquant qu'il avait quelques bouteilles de chimay dans sa voiture et qu'il lui en ferait cadeau, mais « Madame, rangez votre arme s'il vous plaît ».

— Puisque c'est demandé gentiment, fit-elle en remettant son joujou dans son cabas...

Un quart d'heure plus tard, mémé Cornemuse sortait, les bras chargés de bouffe, tandis qu'Elvis réglait la note - salée - et emportait les bouteilles de chimay, merci du cadeau.

— Bon, maintenant, on y va, décréta Elvis en faisant vrombir le moteur.

— Pas question ! J'arrive pas à manger quand on roule. T'attendras que j'aie fini.

— Hein ? Mais on en a pour des plombes vu tout ce que vous avez pris !

— Non, non, je ne mange que ce qu'il y a à l'intérieur, j'aime pas le pain, ça fait grossir.

Elvis la vit déballer son premier hamburger et s'adonner à un étrange rituel. Elle prit les deux morceaux de pain et se les colla aux oreilles comme des écouteurs.

— Qu'est-ce que vous faites ?

— Chut !

Elle ferma les yeux et se dandina doucement. La scène était surréaliste.

— Ah ! Ah ! Vous allez me faire gober qu'on entend la mer comme dans les coquillages ?

— Non, moi, c'est « Rock'n'dollars » de William Sheller que j'entends.

Et elle se mit à chanter :

> *Donnez-moi Madam' s'il vous plaît*
> *Du ketchup pour mon hamburger*
> *Donnez-moi Madam' s'il vous plaît*
> *Du gazolin pour mon shopper...*

— D'accooord... Et avec des coquilles d'huîtres, y a Richard Gotainer qui chante « Une petite perle » ?

— Pas du tout ! L'huître est un mets de luxe. Quand je me les plaque sur les oreilles, j'entends Arvo Pärt, le plus grand compositeur de tous les temps.

Elvis était soufflé. Comment cette punaise mal élevée connaissait-elle ce génie estonien ?

— Perso, mon morceau préféré est *Lamentate*, ajouta-t-elle. Une œuvre pour piano et orchestre.

Pince-moi, je rêve !

Ensuite, elle se mit à ingurgiter toute la bouffe en triant. Tout ce qu'elle ne voulait pas allait dans le gosier de la fifille à son pôpa, ravie de l'aubaine ! Priscilla kiffait grave sa nouvelle copine.

Encore sonné par les propos inattendus de sa passagère, Elvis démarra enfin quand elle décréta que c'était bon, qu'on pouvait y aller.

— Et on va où, en fait ?

— J'ai entendu parler d'un lac, au bistrot, expliqua Elvis. Paraît qu'il est si profond qu'un bus est même tombé dedans et qu'on ne l'a pas retrouvé.

— Ouais... Je sais où il est, fit Cornemuse. Faut aller vers Cerfontaine. Tu tournes à gauche au rond-point. Après je te dirai. C'est pas tout près.

— Vous avez l'air de bien connaître les environs...

— Non, mais j'sais ce qu'il faut savoir pour pas être emmerdée.

— Vous n'habitez pas ici ?

— Tu m'as bien vue ? Est-ce que j'ai une gueule à m'installer quelque part ?

— Euh... Non.

— Alors, t'arrêtes avec tes bêtes questions. Au fait, gamin, la grosse qu'est dans ton coffre, tu l'as sautée ?

— On ne peut pas dire que vous tournez autour du pot, vous ! lui fit remarquer Elvis.
— Non, les pots, je pisse dedans. Alors oui ou non ?
— Oui, mais c'était pas un bon coup.
— Dans ce cas, t'as eu raison de la zigouiller.
— Non, non ! Je ne l'ai pas tuée ! Disons que j'ai eu quelques déboires et suite à ça, je l'ai retrouvée morte chez moi.
— Les gens sont quand même incroyables, hein ! Ils viennent à l'aise tuer chez toi et ils ne nettoient même pas après ! C'est d'un sans-gêne, je trouve... Dans quelle époque on vit, dis ! Heureusement que tu m'as rencontrée. Je vais te filer un coup de main pour faire le ménage.

Après avoir roulé un moment, ils arrivèrent au lac de l'Eau d'Heure, vaste endroit plein de sombres recoins qui faisait 6 km^2 de superficie et 40 m de profondeur, de quoi engloutir ses péchés. La vieille laissa Elvis traîner le cadavre jusqu'au bord. Avant de le faire disparaître, il lui dédia un poème de son cru. Même s'il n'était pas fan des cérémonies funèbres, il lui devait bien ça en hommage à ses « services rendus à la patrie », comme le disait son grand-père ancien militaire quand il sautait bobonne chaque année, le jour du débarquement en Normandie.

Il n'avait rien préparé mais improvisa, faisant confiance à sa muse : Priscilla.

Ô toi, majorette en jupette
Tu virevoltes dans les nuages
Et tu vas aller tambouriner chez les anges
Qui t'attendent avec leur trompette
Pour le grand voyage
Avec tes bottes blanches.

Il en eut la larme à l'œil tellement c'était beau. Rimbaud, retourne à l'école, fieu ! Priscilla lâcha une caisse, signe évident qu'elle appréciait les vers de son maître. En réalité, elle en avait ras le museau de tous ces salamalecs et avait hâte de voir disparaître sa rivale. Chaque fois qu'il ramenait une mégère à la maison, elle devait roupiller par terre pour laisser la place à Madame. Quel manque de savoir-vivre !

Trop occupée à reluquer les bottes de la majorette qui lui plaisaient vachement, mémé Cornemuse loupa ce grand moment de littérature et, avant de passer à l'action, tenta de les lui enlever.

— Z'êtes malade ! s'écria Elvis, choqué par le geste de cette mécréante.

— Ben quoi ? Elle chausse du 42 comme moi. J'ai l'œil.

— C'est pas gentil. Elle tenait beaucoup à ses bottes, même qu'elle dormait avec.

— Pouah ! Ça doit schlinguer ! décréta Cornemuse qui abandonna l'idée. D'autant que ça n'avait pas l'air d'être de la tarte de les lui enlever.

Et elle aida Elvis à pousser le cadavre dans l'eau aussi noire que du purin. Triste fin.

— Allez, *zou !* lâcha la mémé. Au revoir, Berthe. On peut dire que ta majorette est partie sans tambour ni trompette, ah ! ah !

Elvis Cadillac la regarda, pantois.

— Si on peut plus rigoler ! Bon, allez, on ne va pas passer la nuit au bord de l'eau. Tu me ramènes à mon camion avec mes trappistes et plus si affinités.

— C'est que j'suis crevé, moi.

La vieille l'amusait, mais de là à coucher avec...

— Dommage, je t'aurais fait goûter mes caricoles[1].

Soudain, Elvis paniqua, ne voyant plus sa chienne.

— Priscilla ? PRISCILLA ! Où est-elle passée ?

— Elle est peut-être tombée dans la flotte et elle s'est noyée...

— Ah, vous êtes rassurante, vous !

— C'est pas si grave. Après elle va se réincarner en mouche à caca. Ou, si tu préfères, en scatophage du fumier, c'est le nom scientifique pour mouche à merde, c'est plus chic.

— D'accord... En attendant je ne sais toujours pas où est ma chienne et...

Il la vit arriver en courant. Quand elle fut près de lui, il remarqua qu'elle tenait quelque chose dans sa gueule. Une chaîne semblait dégouliner de ses babines. Il tira dessus et attrapa un médaillon rouillé. Machinalement, il le glissa dans sa poche.

---

1. Des caricoles, ce sont des escargots qui baignent dans une sorte de bouillon avec du céleri, des feuilles de laurier et beaucoup de poivre. Tu trouves encore une carriole où on en vend au marché aux Puces des Marolles. C'est bon et ça donne soif ! Allez, vite une bière Chez Willy, *menneke* !

20

Pendant tout le trajet du retour, la mémé lui chanta le répertoire d'Annie Cordy dont elle était fan.

Dans un village de La Havane
Vivait la jolie Juanita
Comme son père plantait des bananes
On l'appelait Juanita Banana...
Ahhhh ah ah ah ah...
Juanita banana...
Ahhhh ah ah ah ah...

La camionnette était planquée dans un terrain vague. Et sur la devanture, en lettres roses, on pouvait lire : « Chez la reine des caricoles ».

— Dis, gamin, j'ai une question pour un champion : pourquoi tu te déguises en Little Bob[1] ?

— C'est pas en Little Bob mais en Elvis.

— Pareil. Pourquoi cet accoutrement ? Remarque que j'kiffe ton look, au moins on te remarque, but why ?

---

1. Little Bob, un super rocker surnommé Libero, fils d'un anar du nord de l'Italie, et qui vit au Havre depuis des lunes. Tu peux le rencontrer au bar Chez Marie-Louise sur les quais. Et le voir dans le film *Le Havre* de Kaurismäki.

— Parce que je suis un grand fan du King et que mon métier c'est de continuer à apporter un peu de rêve aux gens à travers lui.

— Comme moi avec mes caricoles, quoi... J'exporte les saveurs exotiques de Bruxelles all over the world. Je savais qu'on était faits l'un pour l'autre !

— Euh, c'est pas tout à fait pareil...

Histoire de dévier du sujet épineux et de recentrer la question sur lui, Elvis Cadillac lui demanda si elle savait d'où venait le terme de sosie.

Même si elle avait l'air de s'en battre les couilles, il lui expliqua que ça remontait à Zeus. Celui-ci était amoureux d'Alcmène, l'épouse du général Amphytrion. Et, afin de la séduire, le dieu profita de l'absence de ce dernier, parti faire de son stoef[1] à la guerre, pour prendre son apparence.

— Allez vous donc ! s'exclama la vieille. Tu vois bien que Dieu est un sale type comme tous les autres...

Elvis ne releva pas son commentaire et continua son récit :

— Alcmène s'offrit donc en toute innocence à l'homme qu'elle croyait être son mari.

— Ah ! Ah ! Tu gobes ce bobard, toi ? Tu parles qu'elle ne l'avait pas reconnu ! Faut être miro.

— Je vous rappelle qu'à cette époque les lunettes n'existaient pas.

— Oué, c'est un argument, admit mémé Cornemuse.

— Donc, pour parfaire la supercherie, Hermès, le messager des dieux, prit l'apparence du valet d'Amphitryon dont le nom était... Sosie.

---

1. Faire de son stoef, c'est faire de son nez, un peu comme la plupart des présentateurs télé en France, qui se croient sortis de la cuisse de Jupiler et prennent un malin plaisir à être méchants avec leurs invités. Faut faire comme Arno, tu te casses dès la première question si elle te plaît pas.

— A-t-on idée d'appeler son mouflet Sosie ! Et s'il habite Francfort, ça fait Sosie de Francfort ! Ah ! Ah !

Elvis la regarda d'un air désespéré. Il tentait d'insuffler un peu de culture issue de la mythologie grecque à cette demeurée et voilà ce qu'elle en faisait ! De la saucisse...

— Et après, demanda la vieille, elle s'est fait sauter par Sosie, aussi ?

— Non, c'était pas une salope.

— Toutes les gonzesses le sont, sauf celles qu'ont pas de libido. Y a que les mauvaises langues pour penser que la plupart des femmes sont frigides[1]. La vertu, ce n'est qu'une question d'appétit du cul, et la morale n'a rien à voir dans cette affaire.

— Faut pas généraliser, fit Elvis. Ici, le plan fonctionna si bien qu'Alcmène donna naissance à Héraclès, fils de Zeus.

— Donc le fils de Dieu est un bâtard, conclut-elle. Et comment tu connais toutes ces histoires, toi avec ta petite banane et tes grolles de Little Kevin ?

— Je lis beaucoup. J'ai toujours adoré les livres. Lu tout Camus, Duras, Gide, Proust, Vian, Mauriac, Giono...

Elle le regarda bouche bée et il était certain qu'elle se demandait s'il lui causait chinois.

— Et Nietzsche, t'as lu ?

Il s'attendait à tout sauf à ça !

— Dans *Ainsi parlait Zarathoustra*, expliqua-t-elle, le personnage, il est un peu comme moi... Un jour, il traverse une forêt et rencontre un vieil ermite avec qui il fait un brin de causette. Mais quand il s'aperçoit que le vieux a consacré sa vie à Dieu, il se casse, pour ne pas foutre tous ses espoirs

---

1. C'est de mon pote Jojo, de La Cave à Jojo, rue des Trois-Frères à Montmartre.

en l'air en lui révélant que Dieu est mort. Ça ne te rappelle rien ?

— Euh, si, avoua Elvis qui était scotché.

— Parce que selon Nietzsche dont je partage l'avis : « Dieu n'est plus la finalité de la volonté humaine, il faut que l'homme se fixe un but immanent qui passe par son propre dépassement. »

Elvis Cadillac en resta pantois. Décidément, cette vieille sorcière était sans aucun doute l'être le plus étonnant qu'il ait jamais rencontré. Elle cachait bien son jeu. Avant cette révélation, il aurait juré qu'elle n'avait jamais ouvert un livre de sa vie. Quand on emballe ses frites dans du Musso, c'est pas évident...

— Quant à Gide, *Les Nourritures terrestres* est de loin son meilleur. Me regarde pas comme si j'étais Gérard Collard ! On peut lire des magazines people et s'intéresser à la littérature. Tu ne manges pas que du foie gras, hein, gamin ! Suffit d'être motivé. Et comme dit Jean-Claude : « Il faut que tu croies encore plus ce que tu crois, et quand tu commences à croire ce que tu crois, y a personne au monde qui peut te bouger ! »

Une vieille bique habillée en pute, qui sort son flingue quand on la contrarie, fan d'Annie Cordy et d'Arvo Pärt, capable dans la même phrase de te citer Nietzsche et JCVD, ça, il avait jamais vu de sa life.

— Tu veux entrer manger des caricoles pendant que je t'astique le bulot ? proposa-t-elle, la bouche en cœur.

— Euh, non, j'suis fatigué et comme je vous l'ai dit, je dois me ménager pour mon concert au home Le Rossignol guilleret. C'est dans quelques jours.

— Oui, j'connais. J'ai joué de la flûte à bec, là-bas, pour un de mes amants.

— Ah ? Vous êtes aussi musicienne ?

— En quelque sorte... J'suis très habile avec ma langue. Allez, va te coucher, pépé. Tu verras pas mes nénés. Comme dit Pamela Anderson : « On peut dire que ma poitrine a fait une brillante carrière ! Je n'ai fait que la suivre. » Allez, bonne nuit. Moi, je vais mater un film de cul en enfilant mes trappistes.

En réalité, Elvis avait eu l'impression de subir un choc thermique et ressentait le besoin d'être seul. Pourtant il avait bien envie d'aller une fois voir ce qui se passait à l'intérieur de cette étrange camionnette, dont le néon qui entourait l'enseigne, clignotait sur les lettres roses, jusqu'à donner l'illusion qu'il était écrit « Chez la reine des cabrioles ».

21

Jocelyne et René n'en revenaient pas ! Ils étaient tous deux devant le sac-poubelle éventré qu'ils venaient d'écraser avec leur voiture.

— C'est quoi, cette blague ? s'exclama René en se grattant le bide.

— On dirait un pied.

Il souleva le reste du plastique et découvrit une jambe écrabouillée.

— Merde ! lâcha-t-il.

— Ça ne peut venir que de la Jeep à Mickey, on n'a pas croisé d'autre bagnole sur la route. Puis il me semble avoir vu un truc tomber, mais j'ai pas vraiment fait gaffe, j'avais la tête ailleurs, avoua Jocelyne.

— J'sais qu'il est barge, le Mickey et son pote aussi, mais de là à zigouiller quelqu'un...

— On ne connaît jamais les gens, assura Jocelyne.

— Ouais.

— En plus, la décharge n'est pas loin. J'suis sûre qu'ils s'y rendaient pour se débarrasser du reste... On devrait aller y jeter un coup d'œil.

— T'es folle ? J'ai pas envie qu'on se fourre dans un sale merdier.

— N'empêche, rétorqua Jocelyne, que si tu avais l'occasion de te faire un paquet de blé, tu cracherais pas dessus, hein ?

— Où tu veux en venir ?

— J'ai une idée, laisse-moi faire.

— Aïe ! Et c'est quoi, ton plan pourri ?

— On va embarquer ce truc, faire une photo et l'envoyer à ce connard en lui demandant du pognon s'il veut récupérer la guibole.

— Hein ? Mais t'es malade ! J'veux pas qu'on foute cette saleté dans ma cage.

— Je vais la mettre dans le coffre, décréta sa femme.

— Pas question ! Et puis, on a tout ce qu'il faut. Pas besoin de se mettre dans le pétrin pour du pognon.

C'est sûr qu'elle avait épousé la routine, pas un pet de travers, plan-plan jusqu'au bout des pantoufles devant sainte téloche. Jocelyne en avait sa claque du train de banlieue. Il lui fallait un TGV, et même mieux : un voyage dans l'Orient Express. Là, elle avait besoin de convaincre Rantanplan pour qu'il accepte d'embarquer le trophée.

— T'as toujours rêvé d'avoir une Land Rover, non ?

— Oui, admit René.

— Alors, c'est l'occasion ou jamais. Allez, hop !

Et sans attendre la réponse de son enfoiré de mari, elle hissa la guibole dans le coffre et le referma d'un coup sec.

Elle sentait qu'il ruminait. Il n'était pas du genre à se laisser dicter sa conduite. Mais l'idée de pouvoir s'offrir une nouvelle bagnole l'avait emporté sur son machisme.

Jocelyne avait l'habitude de se taire et de le suivre. Elle savait qu'il fallait éviter de le contrarier, sinon il pouvait devenir violent. Il ne s'en était jamais pris à elle, mais il passait ses nerfs sur tout ce qui l'entourait et avait déjà cassé pas mal d'objets – dont la statue de saint Antoine, souvenir de sa grand-mère. Après, il se disait désolé et passait son temps à réparer les dégâts. Les vases fuyaient et les potiches qui garnissaient le meuble du salon avaient l'air d'être passées entre les mains de Frankenstein. La seule chose à laquelle il n'avait jamais touché, c'était sa collection de gnomes. Il savait que c'était sacré, tout comme son trophée, le robot Moulinex qui trônait sur la cheminée.

Et pour une fois, elle lui avait tenu tête...

Ils reprirent tranquillement la route, comme s'ils venaient d'avoir été cueillir des fleurs.

Ils ignoraient que le bouquet était empoisonné et que ce geste allait changer leur vie à tout jamais.

22

Arrivé chez lui, Elvis ressortit le médaillon que Priscilla avait trouvé sur les bords du lac et essaya de l'ouvrir. Pas facile à cause de la rouille. Il devait être là depuis un bon bout de temps ! Il finit par y arriver avec la pointe de son canif et découvrit d'un côté le visage d'une jeune femme aux longs cheveux roux, et dans l'autre moitié... une photo de la star qu'il avait renversée en bagnole, mais avec quelques années en moins ! Étrange coïncidence.

Qui était-il par rapport à elle ? Son père ? Son amant ? Et pourquoi Priscilla avait-elle trouvé ce médaillon près du lac ?

Il y réfléchirait à l'aise demain, mais il était crevé. Il ne savait pas ce qui l'avait épuisé le plus : se trimbaler la majorette ou se coltiner la vieille. Elle était envahissante, mais il devait bien admettre qu'elle le fascinait. Au moins avec elle, on ne s'emmerdait pas !

Malgré la fatigue, appliquant l'adage selon lequel « la régularité c'est la clef », il répéta, comme chaque soir, devant le miroir de sa salle de bains, avec sa brosse à dents en guise de micro. Il s'exerçait surtout pour avoir cette fameuse moue qui donnait à Elvis Presley un charme fou, mais aussi pour son déhanché. « Parce qu'il n'y a pas que la voix, lui avait dit son coach, il y a aussi l'image. C'est un pacquage », avait précisé Bouli qui aimait employer des termes à la mode. Elvis Cadillac se trouvait pas mal de points communs avec son idole, sauf que ce dernier avait eu une mère qui l'adorait et croyait en lui. Celle d'Elvis était une belle salope qui lui avait menti toute son enfance et avait rappliqué pour profiter de lui[1]. Jusqu'à ce qu'il l'éjecte de son existence. Geste de sauvetage[2].

À part ça, le King et lui avaient eu une enfance difficile, mais à des niveaux différents. Petit Blanc, Presley était blond (hé, si !) et se sentait noir dans ses tripes, au point de se teindre les cheveux en noir, sa couleur préférée. Il avait connu la faim, l'incompréhension des autres pour sa musique inspirée du gospel, des folksongs, des chansons country et des spirituals. Il vivait à Tupelo, une campagne rude qu'il quitta à 13 ans pour Memphis. Sa mère lui a offert sa première guitare pour ses 10 ans. Elvis Cadillac n'a jamais eu de cadeau de la sienne. Sa gratte, il l'a achetée en bossant chez le couple d'épiciers qui l'avait recueilli. Mais comme le King, Elvis était blond lui aussi et a côtoyé les putes, les alcoolos, les drogués... Sa passion l'a aidé à sortir du tunnel et à quitter l'ombre pour la lumière[3].

À ses débuts, la musique d'Elvis Presley était traitée de vulgaire et animale. Il est mort en génie.

Dans un des livres de Michel Bussi, un de ses auteurs préférés, il avait souligné une phrase qui leur correspondait bien,

---

1. Voir *Elvis Cadillac, King from Charleroi*, Fleuve Éditions et Pocket.
2. Si y a des personnes toxiques dans ton entourage, lis *Soyez solaire* d'Ariane Bilheran, paru aux éditions Payot. C'est un bouquin génial qui te donne des éclairages et des clefs en faisant référence à la mythologie et aux contes de fées. Sérieux, c'est une pépite !
3. Comme l'étonnant parcours de mon ami Daniel Gramme qui fit de la taule dans sa jeunesse pour braquages et est devenu aujourd'hui un des meilleurs naturopathes de Belgique. Lire son merveilleux livre *De l'ombre au soleil* (éditions Dricot).

à son idole et à lui : « Le noir comme carapace, mais le cœur peint en bleu. »

Puis, dans *Le Roi Elvis*, le très bon bouquin de Jean-Yves Rogale, il avait appris que les fans du King brisaient les vitres de sa voiture pour en conserver précieusement les débris comme des fétiches ! Ah, il aurait aimé avoir des admiratrices qui fassent ça aussi. Mais la seule qui avait pété son pare-brise, c'était l'autre tarée avec son flingue.

Après avoir posé une coque spéciale sur sa banane pour ne pas l'aplatir et enfilé son pyjama, il se coucha sur son oreiller à l'effigie de son idole et éteignit sa lampe de chevet au pied en forme de guitare. Priscilla était déjà au fond du lit. Une vraie bouillotte !

Cette nuit-là, il fit un rêve étrange. Une sorte de songe entre l'horreur et la beauté. Les longs cheveux roux de la jeune femme formaient une couronne mortuaire autour d'elle, jusque sur ses épaules. Elle avait quelque chose d'Ophélie qui aurait été peinte par Degouve de Nuncques, avec ce mystère des nuits bleues sur lesquelles glissaient toutes les réponses de nos errances ; de ce bleu faisant surgir un cygne lumineux qui cacherait tout le silence du monde sous ses plumes. L'infini, le néant, avec ses yeux toujours ouverts sur un ciel d'orage, comme deux petites étoiles qui avaient l'air de pardonner la folie des hommes. Et il l'entendit lui murmurer : *ai... dez... moi...*

Elvis s'était réveillé tôt. On était encore dans l'heure bleue, dans ce moment indéfinissable où l'âme sèche ses larmes au milieu de nulle part, là où l'on se perd pour oublier que devenir adulte est la plus grande connerie de tous les temps.

La voix lancinante de la fille du médaillon résonnait encore en lui. Elle l'appelait au secours. Il fallait qu'il découvre ce qui lui était arrivé. Les eaux troubles des songes prennent toujours leur source dans le sang du diable.

23

Une fois à la maison, Jocelyne prit une photo de la jambe avant de la planquer dans le surgélateur, au grand dam de son mari qui faillit vomir en voyant le pied tuméfié entre les sacs de viande congelée. Car sous des dehors de gros dur, l'homme des bois était une petite nature. Un cheveu dans la salade, et le plat volait à la poubelle.

— Pourquoi t'as pris la photo avec mon GSM ? grogna René.

— Parce que tu m'as dit que Mickey t'avait filé son numéro un soir que vous vous étiez beurré la gueule au bistrot.

— Hé, j'veux pas être impliqué dans tes combines.

— T'inquiète, il ira pas chez les flics puisqu'on détient une preuve qui peut l'expédier en taule.

Et il finit par céder à l'idée de la Land Rover. Il se voyait bien sur les routes des Ardennes au volant de cet engin sublime, faisant le trajet de son boulot à son chalet. Il s'était toujours contenté de petits rêves pour être sûr de pouvoir les réaliser.

Un clic sur Mickey et Jocelyne envoya la photo suivie d'un texto : *Si tu veu récupéré ton coli, rendé vou demain soir à 22 h au Pavillon de la Tallien*[1] *avec 20 000 euros.*

---

1. Mme Tallien fut révolutionnaire avant de devenir princesse de Chimay. Femme de plaisirs, de modes et de fêtes, elle fut aussi bien-

Et elle rajouta un petit mensonge, histoire de blinder son affaire : *j'ai des preuv que c'est toi.*

— Avec ça, on pourra aller s'installer ailleurs, fit Jocelyne qui rêvait de la mer et des palmiers. Tata Beach, la playa, les mecs en moule-bite, le paradis, quoi !

— Pas question ! asséna René. Avec ce pognon, on va finir les travaux dans le chalet, et je vais m'acheter une Land Rover.

— On ne partira même pas en vacances ?

— Pour quoi faire ? On n'est pas bien, ici ?

— Si... Mais c'est chouette de changer d'air de temps en temps. Un petit voyage en amoureux, susurra-t-elle.

— Baiser dans un lit qui nous coûte la peau du cul ou baiser ici, le choix est vite fait.

Jocelyne savait que sa décision était sans appel. Décidément, elle avait misé sur le mauvais canasson et elle, qui avait été si fière de son prix Miss Moulinex, finit par le maudire. Elle n'avait même pas eu droit à un voyage de noces ! Enterrée vivante dans le chalet au milieu des bois, avec vue sur les aiguilles de sapins. Elle détestait la nature. Rêvait qu'elle vivait dans une ville remplie de boutiques colorées, de bagnoles qui klaxonnaient et de gens accros au shopping. Marre de l'air pur ! Elle était devenue adepte de la pollution. *La nature m'emmerde, mon mec m'emmerde, j'ai une vie de merde.*

La découverte de cette jambe fut la goutte d'eau qui fit déborder le vase. Et insidieusement, un plan diabolique germa dans la petite tête de piaf de Jocelyne, qui attendit le départ de son connard de mari pour faire un geste inouï à

faitrice des pauvres. Un peu comme si Mère Teresa portait des mini-jupes et s'éclatait dans les boîtes de nuit en servant la soupe populaire le week-end.

ses yeux. Elle, la femme soumise, grimpa sur une escabelle, saisit le robot Moulinex encore dans son emballage, sortit l'appareil de son sarcophage et le lança de toutes ses forces sur le mur, faisant tomber le cadre du père à René qui alla se fracasser sur le sol.

Bon débarras !

24

Ce matin-là, Elvis Cadillac avait rendez-vous avec la directrice du home pour voir la salle où il allait bientôt chanter. Il s'habilla en mode « tenue de ville », avec le pantalon pattes d'eph, les santiags, le T-shirt *Memphis forever* et le blouson de cuir. Il fit blinquer[1] sa gourmette et sa chevalière puis grimpa dans sa Cadillac, direction Le Rossignol guilleret. Planquée sur la moquette du passager, Priscilla avait trouvé un truc à mâchouiller sous le siège. Avant de démarrer, Elvis se baissa pour tenter de voir ce qui avait l'air de tant plaire à son bébé d'amour. Il introduisit ses doigts dans la gueule de l'animal et en retira un gode en caoutchouc ! C'était pas à la majorette, il en était quasi certain. Alors à qui ?

— C'est dégeu ! Tu bouffes vraiment n'importe quoi !

Elle tenta de reprendre ce fabuleux jouet qui avait un petit goût de moisi, mais qui couinait, et ça, elle adorait ! Pour elle, les joujoux qui ne faisaient pas *ouin-ouin*, c'était de l'arnaque. Mais son mémaître avait planqué la babiole dans la boîte à gants et pas moyen de l'ouvrir. Pour montrer son

---

1. Faut que ça blinque ! C'est comme pour les bijoux de la Castafiore.

mécontentement, elle lâcha un gros pet sonore aussi odorant qu'une boule puante. *Bien fait pour ta gueule !*

Puis elle s'installa sur le siège du passager, en veillant à poser son derrière dans la direction du conducteur. Sa façon de bouder.

Elvis, ça le faisait plutôt marrer. Il aimait les chiens qui avaient du caractère. Les femmes aussi d'ailleurs, mais avec elles, il avait plus de mal. Le problème, c'est qu'avec les « gentilles filles » il s'ennuyait. Ah, si la mémé qu'il avait embarquée sur la route avait été beaucoup plus jeune, il lui aurait bien fait son affaire. Certes, il la trouvait amorale, limite dangereuse parce qu'imprévisible, mais au moins, elle, elle vivait ! Jamais il n'avait rencontré quelqu'un d'aussi libre. Libertaire, libertine... Un électron venu de Krypton. Elle symbolisait tout ce qu'on n'osait pas dire, pas faire, même pas penser ! Pourquoi était-elle née plus tôt que lui ?

Elvis gara sa Cadillac devant le home dont la pancarte bringuebalait. Le lieu avait l'air en mauvais état. À l'image de ses pensionnaires... Mais un bel arc-en-ciel lui donnait un air de vieille carte postale.

Comme chaque fois qu'elle tirait la tronche, Priscilla dut se faire prier pour sortir de la bagnole. Une vraie diva !

Ce fut en descendant de sa Mercedes qu'il vit, garée dans la cour du home, la camionnette de mémé Cornemuse. Que faisait-elle là ? Elle savait peut-être quelque chose à propos de Joël Bermude et de la fille du médaillon...

Il alla frapper contre la carrosserie et entendit un grognement. Puis un bruit de bibelots renversés... Quelques instants plus tard, une tête hirsute se pointa à la fenêtre. Il avait dû réveiller la vieille !

— Ah, c'est toi, grommela-t-elle. Qu'est-ce qu'y veut, Dick Rivers ? Des caricoles à la chimay ? C'est ma spécialité.

— Non, j'ai rendez-vous avec la directrice du home.
— Y va s'inscrire ?
— Pas encore... C'est plutôt de votre âge, non ?
— Viens dans mon camion, susurra-t-elle, tu vas voir si c'est de mon âge, gamin.

Elvis se mit à rire.

— Dites, j'ai trouvé ça près du lac, fit-il en lui tendant le médaillon. Vous n'auriez pas vu cette fille traîner par ici, des fois ?
— Non, ici, y a que des vieux croûtons. Bon, attends-moi, j'bois un coup de Pèket[1] pour me retaper et je t'accompagne. Y a un pépé qui me doit des tunes. J'vais aller me servir dans son portefeuille... J'ai une de ces gueules de bois !

Elle disparut quelques instants puis ressortit aussi hirsute mais avec une touche de couleur – elle avait plaqué du rouge à lèvres qui débordait presque sur son menton –, ce qui lui donnait un air de clown.

— Hein que je ressemble à Sophie Marceau ? lui murmura-t-elle, coquine.

Plutôt à Sophie Marteau, pensa-t-il.

Mais il se contenta de sourire sans répondre. N'avait pas envie de la blesser en lui avouant qu'elle avait l'air d'un clown bourré.

— Tu sais, gamin, on pourrait avoir une relation win-win, tous les deux.
— Hein ?
— On est des gagnants. De la race des élus, quoi ! Faudrait juste que tu peaufines un peu ton look. C'est qui, ton coiffeur ?

---

1. Pèket : alcool blanc sec qui tue, sorte d'eau-de-vie aromatisée de baies de genévrier.

— Micheline. Il bosse sur la place du marché aux Puces de Bruxelles.
— C'est une tarlouze ?
— Ouais. Ce sont les meilleurs. Il a même coiffé Francis Huster !
— Mmm... C'est pas une référence. Un fana de foot qui shoote dans les mots comme dans un ballon... Faut mettre de la bière sur ta banane pour la texturiser. Je l'ai lu dans *Voici*. Puis, tu devrais coller un cache-anus à ton clébard. C'est très tendance aux States. Y en a même avec des brillants.

L'intérieur du home aurait miné le moral du plus guilleret des rossignols. Les murs de couleur pisseuse s'harmonisaient au poil avec l'odeur âcre d'urine qui vous prenait au nez dès l'entrée. Ça sentait la mort qui avance à petits pas, trébuche, se relève, mais poursuit inexorablement sa route sans savoir où elle va. Un peu partout, des posters mal punaisés censés garnir le lieu et faire rêver d'horizons lointains, tous délavés, mer de poussière, montagne qui ressemble à un terril de charbonnage, fleurs séchées dans un champ brûlé par le soleil qui a tapé dessus depuis la fenêtre de la cantine. Bruits de vaisselle, relents de mauvais café, rots... Poète, emmène-moi loin des heures creuses, au pays où on ne regarde plus avancer les aiguilles.

Elvis se dit qu'il préférait mourir plutôt que de se retrouver là-dedans.

La directrice, Mlle Dolimont, avait un look de vieille institutrice, chignon serré, lunettes sur le bout du nez, robe à fleurs achetée sur le marché et parfum cheap qui sentait le Febreze. Ça donnait envie...

Cornemuse et elle avaient l'air de se connaître.
— Bien dormi ? lui demanda la directrice.
— J'ai passé une nuit d'enfer ! assura la mémé.

— Vous avez de la chance ! Certaines de mes pensionnaires n'ont pas pu dormir à cause du bruit.

— Ah oué, le chant des oiseaux, ça tape sur les nerfs.

— C'est pas les oiseaux qui font du bruit, c'est vous ! Il paraît qu'on vous a entendue pousser des cris et chanter à tue-tête le répertoire d'Annie Cordy.

— Quoi ? Y z'aiment pas Annie Cordy, ces croûtons ?

— Si, si, mais pas à 2 heures du matin, précisa Mlle Dolimont.

— Z'avaient qu'à fermer leur fenêtre.

— Écoutez, je veux bien que vous mettiez votre camionnette dans la cour parce que mes petits vieux apprécient les caricoles, mais pas que vous fassiez la fiesta toute la nuit. En plus, papy Roger n'était pas au petit déjeuner de ce matin. Vous ne l'auriez pas vu, par hasard ?

— Y roupille dans mon camion. N'ont aucune résistance à c't'âge-là. Devriez lui donner des vitamines...

La directrice leva les yeux au ciel.

— Un de ces quatre, y en a un qui aura une crise cardiaque ! décréta-t-elle.

— Tant qu'à mourir, autant que ce soit dans l'allégresse, conclut Cornemuse.

— Je n'aime pas beaucoup ça et mes pensionnaires sont sous ma responsabilité. Donc, si vous voulez rester dans ma cour, je vous prierais de les laisser tranquilles.

Sur ces bonnes paroles, elle avança d'un pas d'adjudant dans le hall.

— Cette guenon, murmura la mémé, elle a pas léché les boules de l'Atomium pour les arrondir.

Elvis regarda mémé Cornemuse et lui demanda ce qu'elle avait fabriqué avec le papy Roger.

— On a picolé, fumé des pétards et dansé. Puis on a baisé comme des bêtes. Ah, au fait, t'aurais pas trouvé mon gode dans ta bagnole ? Il a dû glisser de mon cabas. L'ai cherché, cette nuit.

— Ah, c'est à vous ce truc ? Il est dans ma boîte à gants. Ma chienne a joué avec.

— J'espère qu'elle l'a pas troué avec ses dents.

Ça sentait le café. Mlle Dolimont poussa une porte.

— Entrez, entrez ! fit-elle. Bienvenue dans la maison du bonheur.

Des petits vieux en fauteuil roulant somnolaient, la bouche ouverte et le regard vide. Ils ressemblaient à des insectes racrapotés. Un seul semblait vivant, probablement celui qui vidait ses médocs dans les toilettes. Les autres zombies regardèrent passer Elvis et mémé Cornemuse d'un œil torve. Au fond du couloir, une petite vieille vêtue d'un manteau et d'un chapeau de chasseur avec une grande plume trottinait en s'appuyant sur sa tribune[1]. Quand ils la croisèrent, la directrice du home lui lança un jovial :

— Bonjour, Marcelle ! En forme ?

— Oui. Je vais à la foire du Midi manger des smoutebollen[2].

— Ah ! Ah ! Faites attention sur la Grande Roue, hein !

— Je vais pas là-dessus, j'ai peur de perdre mon chapeau.

---

1. Tribune : en France on dit un déambulatoire... Vas-y, toi quand t'as plus toutes tes dents pour prononcer ça ! Et puis moi je préfère me balader avec une tribune, c'est fait comme si t'étais à Roland-Garros. C'est plus fun.

2. Des smoutebollen, c'est des croustillons qu'on te sert dans des sachets à la foire du Midi. On dirait des couilles dorées et le secret de polichinelle, c'est qu'on met de la bière blonde dans la pâte. D'ailleurs, t'as déjà vu un plat belge sans bière, toi ? C'est notre huile d'olives à nous. Et c'est bon pour l'acné.

Juste avant d'entrer dans la petite salle où, une fois par mois, les pensionnaires avaient droit à un concert ou à une projection de film, Elvis vit le nom de Joël Bermude sur la porte d'une des chambres et ne put cacher sa surprise.

— Vous le connaissez ? demanda Mlle Dolimont.

— Euh... comme tout le monde...

— Il est chez nous depuis presque trois ans maintenant, suite à un AVC. Sans doute dû à un choc émotif. Les artistes sont des gens sensibles, mais c'est pas à vous que je dois dire ça, hein !

— Il... Il est là ? demanda Elvis en essayant d'avoir l'air d'un fan.

— Malheureusement, non. Il a fait une fugue et on le cherche. On a l'habitude, on n'est pas trop inquiets... Il disparaît quelques jours, puis revient. C'est généralement pour aller dans sa maison qui n'est pas très loin d'ici. Mais on est allés voir et il n'y est pas. Une fois, il s'est fait prendre en stop sur la route et, comme il est connu, les gens ne se doutent pas qu'il a des absences. Il a des périodes où il a toute sa tête puis, tout d'un coup, ça capote. Ah, on a hâte qu'il revienne car une vedette dans la maison, c'est bon pour l'établissement. Figurez-vous qu'on a aussi l'ancien bourgmestre qui colle des photos de la reine d'Angleterre sur les pots de yaourt. Un homme qui était si instruit et intelligent, soupira-t-elle. On est bien peu de chose...

— Bon, moi, je vous laisse, décréta Cornemuse. C'est justement lui que je vais voir.

— Ah, fit la directrice, ils aiment bien avoir des visites. Y a des malheureux qui sont tout seuls. Leurs enfants ne viennent même pas les voir ! Quelle honte.

— Non, rétorqua Elvis. Parfois certains vieux ont été si méchants avec leurs gosses qu'il faut les comprendre. On n'est pas obligés de pardonner à ceux qui nous ont fait du mal. Raison de plus si ce sont nos parents. On a le chemin qu'on mérite.

— Certes, acquiesça Mlle Dolimont, plus par diplomatie que par conviction.

Elvis n'insista pas. Il voulait rester sympa pour pouvoir visiter l'antre de Joël Bermude.

— Donc, c'est ici la chambre de la star !

— Oui, dit-elle fièrement. C'est un véritable musée... Vous voulez entrer ?

Elle ouvrit la porte et, en effet, les murs étaient tapissés de photos de l'acteur dans ses moments de gloire. On le voyait poser à côté de quelques vedettes belges, dont Eddy Merckx. Il devait vivre dans ses souvenirs, comme la plupart des petits vieux. Elvis pensa qu'il n'aimerait pas ça et que vieillir c'est ne plus pouvoir s'inventer un avenir.

Une jeune femme avec un macaron de la maison accroché à sa blouse déboula dans l'entrée.

— Mademoiselle, y a quelqu'un qui vous attend à l'accueil. C'est pour une livraison.

— J'parie que c'est encore des chaussures pour Teresa ! Toutes les semaines, elle se commande des godasses de drag-queen sur Internet ! Chance que le petit vieux du dessous est sourd parce qu'elle est insomniaque et danse le fandango toute la nuit. Elle est portugaise... Bon, fit-elle en regardant Elvis, je vous laisse. Prenez votre temps. Ici, on ne ferme pas les portes à clef. Je reviens dans quelques minutes pour vous montrer la salle de spectacles.

Aussitôt qu'elle eut disparu, il commença à fouiller dans les tiroirs, ne sachant pas trop ce qu'il cherchait.

Pendant ce temps, Priscilla alla se cacher sous le lit. On aurait dit que la pièce lui flanquait les jetons. Enfin, c'est ce que pensait son maître. Mais, quelques secondes plus tard, il entendit un bruit de carton sur le plancher et la vit jouer avec une boîte à chaussures qu'elle avait visiblement dénichée sous le plumard.

— T'es trop forte, toi ! Un vrai chien policier ! T'as compris que les vieux, c'est comme les pies. Ça cache toujours quelque chose. J'parie que toute sa vie est là-dedans. Et moi, j'aime bien ouvrir les boîtes à Pandore... On va s'amuser, tous les deux !

Elvis était ravi. Il brûlait d'en savoir plus sur cet homme qui avait croisé sa route. Se sentait une dette envers lui. Mais surtout, il voulait découvrir ce qui l'avait lié à la fille du médaillon dont l'appel au secours l'obsédait. Pourtant, ce n'était qu'un rêve...

La directrice rappliqua quelques instants plus tard et conduisit son hôte de marque vers la salle de spectacles qui était correcte à part la déco (y avait des coucous suisses partout) et avait le mérite de ne rien sentir.

— C'est ici qu'une fois par mois, je chante *Carmen* avec ma belle robe à volants et mes castagnettes, lui confia-t-elle avec fierté.

Là, dessus, elle entonna le refrain :

> *L'amour est enfant de bohème*
> *Il n'a jamais jamais connu de loi*
> *Si tu ne m'aimes pas je t'aime*
> *Et si je t'aime prends garde à twoooooiiiii !*

Elvis Cadillac en avait mal aux tympans tellement elle chantait faux.

— Mes pensionnaires adorent ! pérora-t-elle. Ils applaudissent chaque fois à tout rompre. Je fais un triomphe !

Ils doivent être sourds comme des pots, pensa Elvis.

Soudain, un drôle de bruit qui ressemblait au meuglement d'une vache le fit sursauter.

— Ah ! Ah ! fit la directrice, c'est Alfred, notre ancien notaire qui traficote tous les coucous. C'est sa passion. Il remplace les chants des oiseaux par des cris d'animaux. Tenez, celui-ci, il miaule et l'autre, il grogne comme les cochons. Sacré farceur, notre Alfred ! C'est moi qui ai eu l'idée de mettre les coucous aux murs. Ça donne un cachet original à la salle. J'espère qu'elle vous convient.

C'est sûr que c'était pas Bercy ! Mais Elvis Cadillac aimait les petites scènes, qui le rapprochaient de son public. Et il allait peaufiner son concert aussi bien que s'il chantait devant une foule en délire. Il allait les réveiller, ces petits vieux ! Leur rendre leur folie, ne fût-ce qu'une heure, juste pour voir briller une étincelle au fond de leurs yeux.

25

— L'enflure ! s'exclama Mickey en découvrant le message provenant du portable de René. Ce connard n'a même pas eu l'intelligence de nous envoyer une lettre anonyme ou de balancer son texto d'un autre GSM. Il devait bien se douter que son nom était encodé dans mon répertoire puisqu'on a échangé nos numéros un soir où on était bourrés. Quelle petite bite, ce mec !

— Qu'est-ce qu'on va faire ? s'inquiéta Spéculoos. Si on avait trouvé du pèze dans le coffre du vieux, on aurait pu raquer, mais...

— T'es ouf, toi ! Faut jamais céder au chantage. Puis pas question de filer un balle à ce crétin et à sa poufiasse. T'as vu comment elle se balade dans le bled avec ses boobs au balcon ? Ma meuf ferait un truc pareil, je lui foutrais des tartes. Sââlope !

— Pourtant tu les reluques...

— Ces gonzesses-là, on les mate, on les baise puis on les jette, mais on les épouse pas. Retiens bien ça, mec.

— Qu'est-ce qu'on va faire alors ? demanda Spéculoos qui ne voyait pas comment se sortir de ce merdier (raison pour laquelle il n'était pas devenu chef).

Mickey se curait les dents avec la pointe de son canif, geste qu'il effectuait chaque fois qu'il réfléchissait à une question de la plus haute importance, comme si la réponse était coincée entre ses molaires. Il se racla la gorge et répondit qu'il n'y avait qu'une seule solution : éliminer cette vermine.

La conclusion semblait sans appel, et Spéculoos n'osa pas la ramener. N'empêche que l'idée de zigouiller le René qu'ici tout le monde surnommait Leprechaun[1] (parce qu'il était petit, barbu et vivait dans la forêt), ça lui nouait les tripes et il se creusait la cafetière pour trouver des arguments.

— Hé, c'est pas marqué sur la jambe de la vedette du home qu'elle est à nous ! J'parie qu'il bluffe l'aut' crétin quand il dit qu'il a des preuves.

— Et s'il bluffe pas, hein, Spécu ? Puis, s'il m'a envoyé ce texto, c'est qu'il nous a suivis. J'me souviens avoir croisé une bagnole sur la route, mais j'ai pas capté que c'était la sienne. Putain, fieu, c'est toi qui as mal fermé la bâche ! Si t'avais bien fait ton boulot, ce serait pas arrivé. Encore une fois, comme pour la majorette et le Bermude, c'est ta faute ! Qui c'est qui a suggéré l'idée de débile avec le bâton ? Qui c'est qui a laissé s'échapper le prisonnier ? Hein ?

— C'est moi, avoua Spéculoos, mais c'est aussi à cause de Poelvoorde dans *C'est arrivé près de chez vous*, quand il retrouve la flûte dans le cul de sa meuf... Ça m'a inspiré.

— Et tu crois qu'on va te demander un autographe ? Alors maint'nant, tu vas réparer tes conneries et suivre mes instructions à la lettre, asséna Mickey d'un ton péremptoire.

D'un geste sec, il planta la pointe de son canif dans le bois de la chaise sur laquelle il était assis. Signe qu'il était très en colère.

---

1. Leprechaun, c'est un p'tit vilain tout vert, issu du folklore irlandais, dont Mark Jones a fait un film d'horreur. Ne descends pas dans ta cave, il y est peut-être... Ahhhhhh !

26

Elvis se demanda ce qu'il était venu chercher au bistrot. Une explication ? Un indice supplémentaire ? Ça n'allait pas être facile de tirer les vers du nez, à ces vieux briscards. Faudrait leur payer à boire pour délier les langues...

Que faisait ce médaillon rouillé près du lac ? Il savait pertinemment que c'était pas le lieu où on pouvait venir s'envoyer en l'air et perdre son bijou. Pas au bord d'un lac glauque qui avait la réputation d'avoir englouti des vies humaines. Une sépulture d'eau noire. Un grand bain macabre sur lequel devaient danser les fantômes à la tombée de la nuit.

Elvis paya une tournée générale, prétextant son anniversaire. Le patron aligna des bières sur le vieux comptoir en bois au-dessus duquel on pouvait lire : « Crédit n'est pas mon ami. »

Il aimait bien cet endroit incongru où tout faisait penser à la plage alors qu'on était en bordure de route et que la mer du Nord était à des kilomètres d'ici. Histoire d'amadouer le patron, Elvis lui demanda pourquoi cette déco maritime...

— Pour attirer les touristes et donner un air de vacances, expliqua-t-il. L'été, ils peuvent boire une bière dans un seau de plage, je mets du sable sur ma terrasse avec des petits moulins, des transats, et je sers en maillot. C'est une idée de génie qui vient de moi. Ça m'est venu parce que Chimay est jumelée avec Conflans-Sainte-Honorine, en France, vu que la source principale de l'Oise est située au hameau de Poteaupré, dans les bois de Thiérache, ici tout près. Et est-ce que vous savez comment on l'appelle, cette source ? demanda Roger, intarissable sur le sujet. On l'a surnommée « la fille boudeuse », parce que toutes les rivières belges appartiennent au réseau hydrographique de la mer du Nord, sauf la source de l'Oise qui tourne le dos à ses consœurs. Ah ! Vous voyez le lien entre la plage et le port de Conflans, maint'nant !

Même si Elvis était content d'avoir appris quelque chose d'intéressant, sa principale préoccupation restait le lien entre cette fille et Joël Bermude, mais il ne savait pas comment il allait pouvoir aborder le sujet. Après quelques verres, il se rendit aux toilettes, implorant le King, là-haut, de l'aider. Et comme chaque fois qu'il priait son dieu, Elvis Presley, il avait un signe. C'est en refermant sa braguette qu'il vit, accroché au mur des chiottes un portfolio avec plein de photos anciennes. Au milieu, devant la façade du café, la jeune fille rousse du médaillon souriait en tenant un plateau rempli de verres. *Merci, Elviske !* C'est ainsi qu'on appelait le King dans son quartier des Marolles à Bruxelles.

— C'est qui cette superbe fille rousse dans les chiottes ? demanda Elvis en rejoignant le comptoir.

— Pourquoi tu t'intéresses à elle ? demanda le patron.

— C'est juste que je la trouve bandante.

Ça commença à jaser autour du comptoir... Le garagiste, plus souvent au bord de sa trappiste que dans sa fosse, roucoulait en parlant de la fille qui, de toute évidence, avait laissé un souvenir de braise à ceux qui l'avaient connue.

— Une chaude poule ! Putain qu'elle était bien roulée !

— Elle avait autre chose que les mégères d'ici, fit le garagiste. Puis elle souriait tout le temps.

— Ouais, c'était une aguicheuse, surenchérit Polo le boucher qui venait reprendre des forces au bistrot pendant que sa femme tenait la boutique.

— Toi, dès qu'une gonzesse te sourit, tu crois qu'elle pense à ta queue. Elle était aimable avec les clients, pas pour ça qu'elle se faisait sauter par eux.

— Mais si ! affirma le patron, d'ailleurs j'peux citer des noms et...

— Et t'es de commerce, alors ferme ta gueule, rétorqua Polo. En plus, elle aurait pas osé, avec la vieille carne qui la surveillait comme le lait sur le feu.

— Vrai que son fils était jaloux, se souvint le boucher.

— C'est vrai, ajouta le patron. Il en était dingue, même qu'ils se voyaient en cachette du côté de la forêt.

Les autres le fusillèrent du regard. Les histoires de famille ne se partagent pas avec les étrangers. Mais Roger était tout le contraire des trois singes qui décoraient son comptoir et étaient censés refléter ses principes. Une vraie pipelette ! Ici, valait mieux tenir sa langue parce que t'étais sûr que, le lendemain, tout le patelin serait au courant de tes petits secrets.

— C'est quoi, cette histoire ? demanda Elvis en vidant son verre de bière.

Le patron ne se fit pas prier pour raconter ce qui s'était passé. L'autiste au coin du comptoir avait l'air contrarié. Elvis l'entendait grommeler.

— Avant moi, c'était la vieille Amélie qui tenait le bistrot avec son fils, Marc. Personne ne mouftait avec elle. L'était pire qu'une geôlière. Et si tu traînais trop pour boire ta pinte, elle te la prenait et la vidait dans l'évier. Fallait venir ici pour consommer, pas pour glander. Les clients ont gagné au change avec moi, hein ?

Pas de réactions. Roger continua son récit, un peu vexé qu'on ne reconnaisse pas ses mérites.

— Son fils n'osait pas la ramener. Il a jamais connu son père et la vieille n'a jamais voulu lâcher le morceau. Pourtant Dieu sait que ça l'obsédait ! Il y a trois ans, au début des vacances, débarque une jeune fille enjouée, un vrai bouquet de fleurs ! Le Marc en tombe raide dingue et, évidemment, c'est pas du tout au goût de sa mère qui considère qu'à part elle, toutes les femmes sont des traînées. Surtout celle-là avec ses petites robes moulantes et son air coquin. Je m'souviens, elle se marrait tout le temps. Pour une fois, le Marc, il a tenu tête à sa mère pour la première fois de sa vie. Il a hébergé la môme dans une chambre au grenier et en échange, elle filait un coup de main dans le café. Même qu'il a fini par la demander en mariage ! Tête de la vioque ! Déjà qu'elle était pas aimable ! On en a tous pris plein la tronche. Elle se défoulait sur ses clients. Et comme à l'époque, y avait pas d'autre bistrot dans le coin...

— D'où elle venait, cette fille ? demanda Elvis.

— Personne ne sait. Même pas Marc, j'parie ! Elle a débarqué un matin avec son sac à dos et a dit qu'elle s'appelait Lou. Puis, un soir, elle a disparu.

— C'est peut-être la vieille qui a tué sa future belle-fille..., suggéra Elvis.

— Impossible, si vous l'aviez vue ! Elle pouvait à peine marcher, une branche de bois mort, toute sèche. L'était toujours assise à cet endroit, répondit-il en désignant une chaise vide près du poêle.

— La haine décuple les forces, dit Elvis. Et la méchanceté est un gage de longévité.

— Oui, sauf que, dans son cas, impossible. On s'attendait à ce qu'elle se casse en deux chaque fois qu'elle se levait de sa chaise. C'est sûr qu'elle lui a pourri la vie à la gamine, mais la petite s'accrochait. Le jour où elle est partie, tout le monde a pensé que la vieille bique l'avait payée pour s'en aller.

— Quand même, fit Elvis, c'est bizarre de disparaître du jour au lendemain. Elle n'a pas laissé un mot, rien ?

— Non.

— La police n'a pas sondé les environs ?

— Pour quoi faire ? s'étonna le garagiste. S'il fallait mobiliser les patrouilles chaque fois que quelqu'un se casse...

— Et le fils ? On ne l'a pas soupçonné ? demanda Elvis.

— Il en était bleu, lâcha le patron qui essuyait le même verre depuis dix minutes, signe que la conversation l'intéressait. Elle chauffait tout le monde. Il aurait pu avoir un coup de sang.

— Ah bon ? Vous étiez ici quand elle est arrivée ? s'étonna Elvis.

— J'suis du coin, dit Roger. J'ai repris le bistrot après la vieille. Son fils n'est pas fait pour le commerce. Monsieur est un artiste ! lâcha-t-il d'un air dédaigneux.

— C'est vrai qu'elle nous donnait de l'espoir, la garce, décréta le garagiste, toujours fixé sur Lou. J'suis pas sûr qu'aucun d'entre nous n'en ait profité.

— Ça veut dire quoi ? le fustigea le boucher. Tu l'as sautée, toi ?

— Ce qui se passe dans mon garage ne regarde que moi.

— Tu parles ! Roulée comme elle était, elle aurait pas voulu d'un gros lard comme toi.

— Je crois que tout le monde a eu sa part du gâteau, fit le patron.

— T'insinues quoi ?

— Rien, juste une supposition.

— C'est dégueulasse de salir la mémoire d'une morte, s'énerva le boucher.

— Qui te dit qu'elle est morte ?

— Elle serait revenue sinon, affirma le boucher. Puis, ce ne sont que des foutaises. C'est comme l'histoire avec le fils. L'épouser ! Quel délire ! Il en était peut-être dingue, mais pas elle. Elle était belle comme une rose et lui était plein de tocs. Ses doigts, c'étaient des fourmis qui grouillaient sur son visage. Il avait toujours un truc à gratter : si c'était pas son nez, c'étaient ses oreilles ou son menton. Même une dinde en manque n'aurait pas voulu de lui !

— Bah, il était gentil avec elle, répondit Polo. De nous tous, c'était le plus correct. Il lui mettait jamais la main au cul. Tandis que nous, chaque fois qu'elle passait à notre portée...

— Moi, j'ai jamais fait une chose pareille ! s'écria le boucher.

— À toi, elle t'aurait flanqué une baffe, dit le garagiste. Tu sens la bidoche et, ça, les femmes n'aiment pas.

— Ah, parce que l'huile de vidange, c'est plus suave ?

— C'est plus viril, ouais.

Un bruit pétaradant de motoculteur troubla la quiétude de ce lieu sacré, vu que les bistrots remplacent avantageusement les églises et les psys. Un gars en salopette gara son véhicule agricole devant la terrasse et commanda deux blondes, une pour lui et une pour son cheval.

— D'une bière deux coups ! lança-t-il à la cantonade.

— Hé, le tondeur de gazon, tu pourrais nous remettre une drache[1], railla le boucher.

---

1. Remets-nous une drache, valet ! C'est du wallon liégeois. Ami, remplis mon verre... Et quand il pleut des cordes chez nous, on dit qu'il drache.

L'autre fit la sourde oreille, enfila ses deux pintes et s'en alla aussitôt, après avoir demandé au patron d'inscrire la note sur son ardoise.

Elvis Cadillac le trouva bizarre. Mais ne l'étaient-ils pas tous dans ce patelin ?

— C'est qui, lui ? demanda Elvis.

— Un trou du cul, asséna Roger.

— Bah, fit Polo, c'est pas un mauvais bougre. Il fait des efforts.

— Un trou du cul restera toujours un trou du cul, même s'il essaie de s'améliorer, décréta le patron.

Elvis remit encore une tournée et apprit que la vieille vivait toujours, même qu'elle pourrissait la vie des gens du home Le Rossignol guilleret, là où il allait chanter dans quelques jours. Et que son fils, surnommé le toqué, ne frayait plus personne et s'était retranché dans les hauteurs de Chimay où il peignait des trucs de zinzin.

Il avait bien envie d'aller lui rendre une petite visite de courtoisie...

27

Il y avait de la lumière dans le chalet de Leprechaun. D'après le calcul de Mickey, il restait une demi-heure avant la fermeture de la supérette où bossait l'enflure. Juste le temps de faire un brin de causette avec Miss Moulinex. Côté nichons, y avait de quoi se régaler... Pour le reste, niveau pognon, la Jocelyne, c'était la louze et son prince charmant, il suçait des Pépito dans l'arrière-boutique de l'épicerie. La porte d'entrée n'était pas fermée à clef. On se sent toujours à l'abri au milieu des arbres et on pense que personne ne peut nous trouver. Grave erreur ! La plupart des films d'horreur se passent dans les forêts où les violeurs vont trucider les fillettes, où les ectoplasmes se baladent en string entre les feuillages, où les sorcières concoctent d'étranges mixtures à base de crapauds et de hamburgers dans leur chaudron, et où Blanche-Neige se fait enculer par les sept nains.

Quand Mickey et Spéculoos pénétrèrent dans la cuisine, ils trouvèrent la gonzesse à René en train de décapiter des gnomes ! Ils s'attendaient à tout, sauf à ça. Cette meuf était pétée du bulbe.

Jocelyne qui, il y a peu, aurait piqué une crise si son mari avait ne fût-ce qu'osé poser sa paluche sur ses précieuses figurines qu'elle passait ses matinées à épousseter, avait décidé de s'en débarrasser. À défaut de pouvoir trucider son mec, elle se vengeait sur les nains, armée d'un grand couteau de cuisine qui faisait *clac ! clac !* Sa colère couvait depuis trop longtemps.

— On ne bouge plus ! cria Spéculoos en braquant son arme sur elle.

Bizarrement, elle n'eut pas l'air de paniquer. On aurait dit qu'elle était en mode zombie. Vu les vidanges[1] de pastis qui gisaient dans son évier, il n'était pas difficile de comprendre à quoi elle s'était shootée.

— Bonjour ! lança-t-elle d'un ton joyeux, comme si elle était contente de recevoir des invités-surprises. Vous mangez avec moi ?

Elle n'avait pas l'air de se soucier du flingue. Tranquillou, elle saisit une casserole qu'elle remplit d'eau, la posa sur le réchaud qu'elle alluma et plongea les gnomes dedans, sans les têtes qu'elle disposa dans un grand plat avant de les saupoudrer de crème fraîche en bombe.

Les deux zigues se regardèrent, déroutés.

— Qu'est-ce qu'on fait ? s'inquiéta Spéculoos.

— On la cuisine pendant que ça chauffe.

Et il prit le relais.

— On est venus récupérer ce que ton mari a trouvé sur la route. Je suppose que t'es au courant…

— Ah ? Il a trouvé un truc sur le chemin ?

— Te fous pas de notre gueule, pétasse, l'invectiva Mickey qui n'était pas du genre patient, persuadé que les femmes étaient des menteuses. Elle est où, la jambe ?

---

1. Vidanges : la Belgique est un des pays qui comptent le plus de vidanges au monde. Parce que picoler fait partie de nos coutumes. Un Belge qui ne boit pas est un Belge suspect.

— Dans ton cul.
— C'est pas la porte à côté ! lâcha Spéculoos.
— Ta gueule, toi. On veut faire la maligne hein ? la houspilla Mickey, furax qu'elle se paie sa tronche.
— J'sais pas. Y me dit rien.

Il attrapa sa mimine et la plongea dans l'eau qui commençait à bouillir. Elle hurla.

— Alors, elle va causer ou je lui fourre sa chetron dans la casserole...
— Z'êtes dingues ! Putain, vous m'avez brûlé la main ! cria-t-elle en la passant sous le robinet d'eau froide.

Elle venait de dessaouler d'un coup !

Jocelyne prit une chaise et s'assit. Elle avait l'air de réfléchir. Après un temps, elle lâcha :
— Bon, si je vous dis où c'est, vous me laisserez partir ?
— Partir où ? demanda Spéculoos.
— J'sais pas encore, mais je veux me casser d'ici. J'en ai marre de ce chalet de merde, marre des sapins, marre de ce connard. Sauf que j'ai pas une tune et que j'ai rien à moi, à part mes fringues, ma collection de gnomes et un robot Moulinex que je viens de péter contre le mur.

Mickey jeta un œil en direction du buffet et vit en effet le robot éclaté qui gisait sur le sol.

— Dites... Vous aviez l'intention de faire quoi, au juste ? demanda-t-elle.

Spéculoos regarda Mickey et ne répondit pas.

— Pourquoi ?
— Parce que si vous aviez comme projet de nous tuer pour qu'on se taise, on pourrait faire un marché : j'vous dis où est la guibole, vous tuez l'aut' crétin et du coup, j'hérite de la baraque et je la vends pour me barrer à Marbella.

— T'as de la suite dans les idées, constata Mickey.
— Alors ? Marché conclu ?
— J'sais pas. Je dois réfléchir. Et si tu caftes après, hein ?
— J'sais garder un secret, assura Jocelyne.
— Non, impossible. T'es une femme. À moins que...
— Quoi ?
— On zigouille ton mari et tu te casses illico avec sa cage. Les flics penseront que c'est toi qui l'as tué. Le temps qu'ils découvrent son cadavre, tu peux passer la frontière et aller te planquer quelque part.

— C'est dégueulasse ! Et comment j'vais vivre, moi ? J'ai pas de fric.

— T'as encore de beaux restes, lui assura Mickey en connaisseur. Tu pourras faire le tapin. Ou poule de luxe si Madame préfère pour son standing ! Toute façon, t'as pas le choix. C'est ça ou on te zigouille avec lui. Alors elle est où, la guibole ?

— Dans le surgélateur, dans le garage...

— J'y vais. Reste avec la décapiteuse de nains, ordonna-t-il à son acolyte. Mais cette fois, pas de connerie et la laisse pas s'échapper, sinon j'te bute.

— Hé, regarde s'il y a pas des glaces dans le surgé...

Pendant ce temps, Spéculoos qui n'en pouvait plus de reluquer les nibards de Jocelyne, lui demanda de soulever sa blouse et d'enlever son soutif, histoire de rendre l'attente plus agréable, car il trouvait que Mickey mettait des plombes. *Il est en train de jouer avec la guibole du macchabée, ou quoi ?*

La femme de Leprechaun ne se fit pas prier. Elle adorait montrer ses atouts et ce jeune loubard l'excitait.

Spéculoos tenait son pétard d'une main et se mit à se branler de l'autre...

Quand Mickey déboula, il le surprit la paluche dans le froc devant la grue, les nichons sortis du balcon. Il n'eut pas le temps de gueuler.

Un bruit de moteur vint troubler la love story de cette demeure vespérale qui sentait bon le fumet de farfadets cramés. Mickey se planqua derrière la porte, prêt à tirer. Il s'attendit à ce que sa prisonnière, dans un sursaut d'humanité, pousse un cri pour avertir son mari.

Mais elle resta silencieuse, les roberts à l'air.

28

Le fils du bistrot habitait dans une vieille baraque à la façade envahie par le lierre qui s'agrippait jusque sur ses fenêtres dont on ne voyait plus qu'une petite lucarne par-ci, par-là. *Curieux pour un peintre*, se dit Elvis. *Z'ont pourtant besoin de lumière, ces gens...*

En plus il fallait chercher la porte, en grande partie camouflée par la végétation. Visiblement, le gars se calfeutrait dans sa tanière de verdure.

Elvis frappa quelques coups et attendit. Debout sur le pas de la porte, Priscilla se mit à aboyer. Un autre aboiement à l'intérieur lui répondit. Des bruits de pas. Une voix de fumeur...

— C'est qui ?

— Bonjour ! Je suis Elvis Cadillac. Je voulais vous rencontrer parce que j'ai entendu parler de vous, et je suis toujours curieux de découvrir l'œuvre des artistes...

Il avait préparé son discours.

— On a dû vous dire que le toqué peignait des merdes ?

— Mais non !

— J'aime pas les menteurs.

— Bon, d'accord. On m'a dit ça, oui. Mais je me fous de ce que les gens racontent. J'suis pas d'ici.

Priscilla avait son nez collé au bas de la porte et sniffait le chien de la maison qui devait faire pareil de l'autre côté.

Un blanc. Elvis pensa que c'était foutu et que le gars avait tourné les talons. Au moment où il allait s'en aller, il entendit coulisser le loquet de la porte, et elle s'ouvrit laissant passer un gros chien à la tête bandée et au regard méfiant. Mais ce regard portait en même temps toute la tristesse et la tendresse du monde.

Elvis et Priscilla entrèrent.

Imaginez que vous pénétrez à l'intérieur d'un tronc d'arbre. Et que vous découvrez un monde qui ne ressemble à rien de ce que vous avez déjà pu voir. Ni même dans les livres d'images les plus fantastiques de votre enfance. Un univers entre Magritte et le thé chez les fous avec le lièvre de Mars dans *Alice au pays des merveilles*. Quelque part, de l'autre côté du miroir... mais encore bien plus étrange.

Elvis n'en croyait pas ses yeux. La végétation avait aussi couvert les murs intérieurs. Et à certains endroits où elle était plus clairsemée, on pouvait apercevoir les toiles de l'artiste, ou du moins, des morceaux, car le lierre s'en était emparé. Ce mélange de création humaine et de nature plaisait à Elvis qui vit là la véritable essence de l'art qui n'existe pas pour le regard ou les critiques des autres, mais qui se suffit à lui-même. Comme les prières. Quelles qu'elles soient, et à qui que ce soit qu'elles s'adressent, ce n'est jamais que du vent, mais qui transporte des pensées positives avec son lot d'empathie et d'amour. Et qui sait si tout cela ne va pas quelque part vers une lumière qui veille sur nous ? Elvis avait toujours vu Dieu comme le personnage de Lampernisse, incarné par Jean-Pierre Cassel dans *Malpertuis*, le superbe film d'Harry Kümel adapté du roman de Jean Ray. Ce personnage qui veille sur la petite flamme parce que, si elle s'éteint, c'est la vie qui meurt. Et cette flamme est alimentée par la capacité des êtres humains, des animaux et des plantes (mais oui...) à aimer.

Il avait appris par cœur ce passage qui, pour lui, résumait tout :

« Alors je vis Lampernisse.
Il galopait à travers les couloirs, brandissant un flambeau à longue flamme rouge. Il se ruait de lampe en lampe, boutant le feu aux mèches, faisant naître dans le noir des ronds de lumière jaune.
Mais j'assistais impuissant et terrifié à sa vaine lutte contre les ténèbres de Malpertuis.
À peine avait-il donné le jour à une flamme de lampe, qu'une ombre véloce se détachait de la muraille, fondait sur elle, la soufflait et réinstallait la nuit dans la place. Alors Lampernisse cria : le flambeau était mort dans ses mains[1]*. »*

N'était-ce pas là l'éternel combat contre les forces du mal, celles qui aujourd'hui ont le visage de ces terroristes agissant au nom d'un dieu de haine et d'intolérance, telles ces ombres maléfiques qui risquent de nous plonger à jamais dans les ténèbres ? Comment peut-on tuer nos frères humains et nos frères de cœur que sont les animaux, en se revendiquant d'une divinité qui par essence ne peut qu'être Amour ?

Elvis comprenait de moins en moins cette planète qui partait en vrille. Et pour lui, la chanson et l'art en général étaient des refuges. Une bulle dans laquelle il retrouvait l'insouciance de l'enfance. Pas de la sienne, non, mais celle qu'il s'était réinventée à l'âge où il est de bon ton d'être adulte. Rien à foutre. Lui, c'était un gosse éternel, dans son costume à paillettes, avec sa banane et sa guitare.

---

1. Extrait du magnifique livre de Jean Ray, *Malpertuis*. Chef-d'œuvre !

Quand Marc le fit entrer dans la pièce principale donnant sur une forêt de sapins qui constituait son atelier, il sut que le toqué, c'était pas cet homme, mais ceux qui étaient dehors. Ces gars qui passaient leur temps à critiquer en noyant leur ignorance dans la vinasse, parce qu'ils ne comprenaient rien aux artistes. Tu leur aurais servi un château-margaux qu'ils n'auraient pas vu la différence avec une bête piquette. Bande de nazes !

L'œuvre de Marc était unique, originale et très personnelle. Il avait son univers, comme tout artiste authentique. Des copieurs et des faiseurs, ça pullule.

Devant lui s'étalaient des éclats d'ombres qui s'ordonnaient de manière obsessionnelle entre quelques taches de couleur rouge, comme si du sang avait éclaboussé les toiles. Des taches qui criaient en silence. Pareilles à des rêves d'enfants morts.

Est-ce qu'un artiste aussi doué et sincère peut être un assassin ?

29

En un éclair, Jocelyne attrapa son couteau de cuisine – celui avec lequel elle avait décapité ses nains – et trancha la gorge de son mari, façon samouraï. La tête de René roula contre le mur, tout près du robot Moulinex explosé. L'ex-miss contempla le tableau d'un air satisfait. Juste retour des choses... Et elle murmura :

— T'as vu, crétin ? On ne connaît jamais les gens.

Mickey et Spéculoos n'en revenaient pas non plus. Ils s'attendaient à tout sauf à ça. Mickey avait toujours trouvé les meufs imprévisibles, mais de là à décapiter leur mari, y avait de la marge. Celle-ci avait visiblement un lourd passif avec Leprechaun.

Jocelyne prit son sac, les clefs de la bagnole, et elle se cassa sans se retourner.

— Hé, faut pas la laisser filer ! s'inquiéta Spéculoos. Si elle va cafter chez les flics... elle peut dire que c'est nous qui avons zigouillé son mec ou qui l'avons obligée à le faire. Y a nos empreintes un peu partout ici.

— T'inquiète, c'est pas un problème puisqu'on va foutre le feu au chalet. Et pour Grosnibards, j'lui ai prévu une petite surprise. Faut prendre aucun risque. Les femmes causent toujours trop.

— Ouais, c'est vrai ! Mais si tu crames la casbah, avec la forêt autour, ça craint !

— Depuis quand tu te soucies des sapins, toi ? Tu bosses pour le Père Noël, ou quoi ?

— Euh... Non... Au fait, t'as retrouvé la guibole de la star ?

— Elle est au frais. On va la laisser là, pour que les poulets pensent que ces deux baltringues l'ont tué. Maintenant, faut qu'on retrouve l'enflure qui a vidé le coffre de Bermude avant nous. S'il y a bien un truc que je déteste, c'est me faire doubler, grogna Mickey. J'te jure qu'il va payer, ce connard !

— Et... Y avait pas de crème à la glace ?

— Si, plaisanta Mickey, mais y avait un orteil dans le cornet.

— Pas grave, je l'aurais sucé.

— T'es vraiment un drogué, toi !

Jocelyne fonçait dans la nuit. La plus belle nuit de sa vie... Le ciel étoilé était comme dans les émissions télé de son enfance. C'était celui de Pimprenelle et Nicolas, avec le gros nounours qui descendait de son échelle pour leur raconter une histoire, puis remontait retrouver le marchand de sable. Un ciel de conte de Noël. Celui qui contient tous les rêves. Elle était ivre de ce parfum de liberté qui lui avait tant manqué ! Pourquoi, se demandait-elle, se laisse-t-on tromper par ceux qui nous inspirent le désir, la promesse d'une vie de cinéma ? La plupart des hommes ne sont que des trompe-l'œil. Des chagrins d'amour pour romans-photos. *Nous Deux...* Et quand les pages se déchirent, il ne reste que des larmes amères derrière les barreaux qu'on a construits en faisant les mauvais choix. La faute à pas de chance. À pas d'intelligence. Et pendant des années, on se traîne un boulet, trouvant des prétextes pour ne pas scier la chaîne. La liberté n'est pas un cadeau qu'on reçoit à la naissance, elle est la plus longue bataille à mener pour exister. Elle est l'envers de nous. La robe sur laquelle on trébuche pour apprendre à rire. Mais la sienne était rouge sang.

Qu'importe, Jocelyne se sentait bien. Comme une gamine qui part à la mer pour la première fois et va se rouler dans le sable, patauger dans les vagues et ne plus jamais se faire toute petite pour entrer dans les châteaux de sable. Non, elle allait les écraser. Sauter à pieds joints dessus.

Au premier tournant, elle voulut braquer. Grisée par cette nouvelle sensation de liberté, elle roulait un peu trop vite. Elle freina. Plus de freins.

Et elle vola dans le décor.

Pendant une fraction de seconde, elle se demanda si là-haut on retrouvait les gens qu'on avait aimés. Mais aussi ceux qu'on avait tués.

30

« L'artiste ment comme il respire, comme un arracheur de dents de sagesse. » Elvis se remémora la phrase d'André Stas[1] pour ne pas se laisser aveugler par l'admiration qu'il éprouvait à l'égard de Marc, cet artiste pur qui ne créait que pour échapper au chaos de la planète... ou à son propre chaos intérieur ? Il allait creuser. Et lui, Elvis Cadillac, que faisait-il d'autre que chercher à fuir ses démons en se glissant dans la peau de son idole ? Il se trouvait des affinités avec cet homme taiseux, cloîtré dans son univers végétal, seul avec son chien écorché.

— Qu'est-ce qui est arrivé à votre animal ? s'enquit-il.

— Je l'ai trouvé comme ça. Il est venu s'écrouler sur le pas de ma porte. Les gens sont des monstres. Il ne faut plus sortir. Dehors, c'est l'enfer...

— Moi, je ne suis pas comme eux, le rassura Elvis. J'ai aussi ma forteresse, c'est la musique du King. Elle me protège de toutes les blessures et de la cruauté des hommes. Comme la végétation qui veille sur votre maison.

---

1. André Stas : artiste belge autodidacte et pataphysicien. Un mec qui a de la cuite dans les idées (c'est de lui !).

— Il suffit de voir comment votre chienne vous regarde, pas besoin d'explications... Le regard d'un animal reflète l'âme de son maître.

Se sentant en confiance, Marc lui expliqua que le lierre qui envahissait ses tableaux faisait partie intégrante de ceux-ci. Et que, depuis longtemps, il ne sortait plus de son antre. Il s'était organisé pour qu'on lui livre ses courses. Il mangeait peu, dormait peu, créait beaucoup. Ne recevait jamais personne. Mais il avait fini par ouvrir à Elvis parce qu'il avait un chien. Et aussi parce qu'il aimait le King.

Tous ces éléments firent qu'il lui dévoila son rituel : chaque fois avant de se mettre à peindre, tous les matins à la même heure, il se déshabillait et se couchait nu sur le sol, puis se rhabillait. Une façon pour lui, disait-il, de s'imprégner des ondes telluriques. Elvis ressentait à la fois une fascination pour ses œuvres et un malaise.

Sur les toiles, on y voyait des visages sans regard, aux bouches béantes qui semblaient pousser des cris muets, émergeant de l'ombre tels des fantômes tapis dans les ténèbres. Mais aussi des chiffres et des mots. Il fallut un temps à Elvis pour découvrir qu'il s'agissait toujours de la même phrase : *revertimini ad me ad mox.*

— Qu'est-ce que ça signifie ?
— C'est du latin, expliqua Marc. Traduction : « Reviens-moi. »
— À qui s'adresse cette demande ?

Marc ne répondit pas à la question. Ou était-ce une façon indirecte de donner une clef ?

— Je n'aime pas les blancs, le vide et les trous.

Soudain, il s'affala dans le seul fauteuil usé, d'un bleu délavé, trônant dans un coin de la pièce. Il avait l'air fatigué, comme si parler l'épuisait.

— Elle est là, murmura-t-il. Vous la voyez ?
— Qui ?
— Ma fiancée.
— Vous parlez de Lou ?
— Vous la connaissez ?
— Dans le patelin, ça cause. Surtout au bistrot.
— On vous a dit quoi ? fit Marc, soudain méfiant.
— Y en a qui pensent qu'elle est morte.
— Non ! Elle vient me voir à travers mes tableaux, chaque fois que je dessine son visage. « D'un songe, j'ai sorti la reine du monde...[1] » Je l'entends crier la nuit.
— Vous savez ce qui s'est passé ? hasarda Elvis.
— J'épargne pour acheter des rêves au magasin des morts.
— En tout cas, vous avez du talent ! Vous peignez si bien cette femme qu'on la croirait vraie.
— On a presque envie de lui faire l'amour, non ? murmura Marc.

Elvis ne répondit pas. Il marchait sur des œufs. Avec ce genre de personnage, il fallait être sur ses gardes. La jalousie devait être chez lui une forme de paranoïa. Il le sentait.

— Vous savez ce qu'a répondu un jour Toulouse-Lautrec à une délurée qui lui avait dit : « Vous peignez fort bien les femmes mais est-ce que vous savez les faire jouir ? »
— Non...
— « Un bon peintre peut faire les deux, ma chère. »
— Joli ! admit Elvis. Vous pourriez exposer vos toiles et...
— Jamais ! Le regard des autres tue la liberté. Et sans liberté, pas de création. L'argent est la pire des prisons. Il ne faut pas vivre de son art si on veut rester libre.

---

1. Cette phrase est du Facteur Cheval, un « illuminé » génial qui m'a inspiré un roman : *Le Rêve d'un fou* (à paraître).

— Mais si vous êtes obligé de faire autre chose pour gagner votre vie, ça peut vous épuiser et éteindre la petite flamme qui donne envie de créer.

— Faux ! Il y a ceux qui se croient des artistes ou qui voudraient l'être. Ceux-là se cherchent des prétextes pour justifier le fait qu'ils n'ont pas le temps. Les vrais, ceux qui ont du talent, et cette chose unique dans les tripes, trouveront toujours du temps pour accomplir leur œuvre.

— Mais à quoi ça sert, demanda Elvis, si vous gardez tout pour vous ? C'est égoïste, non ? La critique peut vous faire évoluer et...

— Ou vous tuer. Comme l'admiration. C'est pareil. Créer n'est jamais un acte inutile. Il nourrit une lumière invisible. Et fait de nous des menteurs immortels.

Elvis fit une dernière tentative en citant Košek, dont l'œuvre est assimilée à de l'art brut :

— « Je suis heureux que mes dessins voyagent maintenant dans le monde, qu'on les montre pour que les gens découvrent ce que leur cerveau est capable de créer. »

— Lou est à moi. Elle ne peut appartenir au regard des autres. Un dessin, c'est plus indécent que la nudité.

— Je comprends...

— Les gens dehors disent que je suis fou.

— Je ne partage pas cet avis, décréta Elvis. Vous avez une autre façon de voir le monde, c'est justement ce qui est intéressant. En plus, chez vous, je sens une dimension mystique qui me touche et m'interpelle.

— Je communique avec son esprit. En la créant et recréant sans cesse, je l'empêche de mourir. C'est la seule personne que j'aie jamais aimée et qui, je crois, m'a aimé aussi.

— Vous croyez ?

— « Les femmes sont complexes. Elles essaient d'atteindre Mars. Mais j'y étais avant elles.[1] »

— Je sais, fit Elvis. Notre première vision de la femme, c'est notre mère, et la mienne m'a trahi.

Il vit soudain Marc se gratter comme s'il venait d'être plongé dans une fourmilière. Rongé par une horde d'insectes qui semblaient le dévorer. Impuissant, Elvis l'observait se contorsionner dans tous les sens. Soudain, il se dirigea vers une grande armoire qu'il ouvrit. Elle contenait une sorte de machine bizarre, constituée de rouages, de fils de laiton et de cuivre, avec un cercle divisé en parts égales, peintes de couleurs différentes, et sur lesquelles étaient inscrits des noms tels que : maux de tête, maux d'estomac, vertiges, coliques, mélancolie...

— C'est une machine guérisseuse[2], expliqua Marc. Quand je me sens mal, il me suffit de me mettre devant, de fixer un moment la partie correspondant au mal dont je souffre et d'actionner la manette.

Ce qu'il fit.

Le cercle se mit à tourner jusqu'à former une espèce d'arc-en-ciel. Il resta devant sa machine à guérir jusqu'à ce qu'elle s'arrête, puis alla se rasseoir. Il paraissait fatigué, comme s'il avait effectué un long voyage, mais soulagé. Elvis sentit qu'il

---

[1]. De Scottie Wilson qui passa des heures à dessiner dans l'arrière-boutique de son magasin et exposa dans des lieux aussi insolites que des cinémas ou des caravanes désertées.

[2]. La machine guérisseuse est inspirée d'un artiste apparenté à l'art brut : Emery Blagdon (USA). Sa machine géante était composée de toutes sortes d'objets de récupération et éclairée avec des guirlandes de Noël et des ampoules peintes placées dans des boîtes de café disposées sur le sol. Ce qui créait un effet étoilé multicolore !

Les références à l'art brut proviennent du superbe livre *Art brut* que Bruno Decharme a consacré à cet art unique, publié chez Flammarion.

était parti dans un autre monde, celui qu'il s'était inventé pour retrouver son insouciance. Ou ses illusions perdues. Il fixait le mur, espérant que Lou allait en sortir et l'envelopper de ses longs cheveux roux.

Suivi de Priscilla qui fit une léchouille au gros chien, Elvis s'en alla sans dire un mot, persuadé que Marc ne se souviendrait pas de son passage.

31

Mickey jubilait ! La gazette locale avait mis l'incendie du chalet du gnome décapité et l'accident de sa greluche aux gros obus en première page. Le journaleux, spécialiste des sangliers écrasés (on était dans les Ardennes), s'en donnait à cœur joie dans les descriptions macabres, jouant les grands reporters people de *Paris Match*, oubliant qu'on était à Chimay. Il en ressortait que le couple s'était visiblement disputé, que suite à ça, la femme avait pété les plombs et décapité son mari dont le sang avait giclé sur les murs, un vrai carnage, même qu'en roulant sur le sol, la tête du malheureux avait perdu un œil qui pendait au bout de son nerf optique. Tout juste s'il ne racontait pas qu'un rat, passant par là, l'avait bouffé ! Quant à la ménagère, elle s'était écrasée avec sa bagnole contre un arbre. Et comme elle n'avait pas attaché sa ceinture, *scratch*, la gueule dans le pare-brise et des bouts de cervelle sur le rétroviseur. Pas beau à voir ! *Game of Thrones* à côté, c'était du pipi de chat.

Mais cerise sur le caveau, la police avait retrouvé une jambe dans le surgélateur du couple, parmi les petits pois et les carottes surgelés.

Dès qu'ils auraient rassemblé le reste du puzzle, ils en concluraient que Jocelyne et René Crabaud avaient zigouillé Joël Bermude, et le tour était joué !

Mickey se congratula d'être si malin. Il méritait une médaille. Pas comme ce crétin de Spéculoos qui n'avait pas inventé la pinte à sonnette[1]. Qué biesse c'ti là[2] !

Fallait plus lui confier aucune mission. Pas de doutes, c'était pas le cousin à Jason Bourne. C'est pour cette raison que Mickey l'avertit qu'il allait lui-même au home pour tenter de découvrir qui avait bien pu vider le coffre de la vedette. Il n'avait pas été forcé. C'était soit le vieux qui avait fait le ménage en vue d'une petite escapade, soit quelqu'un qui connaissait la combinaison, donc un proche de la star. Il avait pris ses renseignements avant de le kidnapper : Bermude n'avait ni femme ni enfant – légitime du moins. Il avait bien été marié, il y a des lunes, mais Madame avait rendu l'âme à la fleur de l'âge.

Mickey fit un sourire charmeur au bulldozer qui dirigeait la maison de retraite, la soupçonnant de kiffer la chair fraîche. Bingo ! Elle se mit à roucouler. Mémère avait de la fuite dans les idées. Elle se crut irrésistible, et pour un instant, rêva qu'elle était la diva du Rossignol guilleret. Elle était chaud boulette ! Mickey pouvait lui faire gober n'importe quoi et lui demander tout ce qu'il voulait.

Il se fit donc passer pour un petit-cousin de la star à laquelle il vouait une admiration éperdue et qui l'avait élevé à la mort de ses pauvres parents.

---

1. Pinte à sonnette : invention belge. C'est une pinte avec une sonnette de vélo accrochée à l'anse et qui te permet de sonner le garçon pour avoir à boire plus vite. Ingénieux, hein !
2. Qué biesse c'ti là ! Mais qu'il est bête çui-là ! Par exemple, le father of Marine Le Pen est une grosse biesse. Faut pas l'écouter (et elle non plus d'ailleurs).

— On commence à être très inquiets, lui confia la directrice. Vous n'avez pas de nouvelles ?

— Non, aucune. Mais il va sans doute revenir ! Je ne pourrais pas imaginer que...

Mickey ne finit pas sa phrase et refoula un sanglot. Seigneur qu'il était bon ! L'Actor Studio l'aurait embauché tout de suite.

Il pénétra donc dans le temple de la vedette de *Bouffi et les vampires* en ayant conscience que bien des fans auraient payé cher pour être à sa place. Il fit semblant de s'intéresser aux posters de Bermude en pleine gloire, punaisés aux murs. La montgolfière continuait à roucouler et Mickey pria le dieu Chichon – le seul en lequel il avait foi – de faire en sorte qu'elle se casse et le laisse fouiller peinard. Ses vœux furent exaucés !

— Mademoiselle Dolimont, on vous demande à l'accueil.

Ouf ! Merci les anges de la beu.

Ainsi, Mickey put fureter partout à son aise, ouvrir les tiroirs, regarder au-dessus de l'armoire et sous le lit. Mais à part des merdouilles de vieux, il ne trouva rien qui puisse lui donner un indice.

Ronchon, il sortit en prenant soin de se baisser en passant devant la fenêtre du bureau pour éviter que Susan Boyle se lance à l'assaut.

Une fois dehors, il allait remonter sur sa moto quand il vit des vieux qui faisaient la queue devant la camionnette de caricoles. Et il se rappela que sa grand-mère passait son temps, assise à la fenêtre, à bouffer des boules[1] et des gosettes[2].

---

1. Des boules, ce sont des bonbons qui te niquent les ratounes, mais on s'en fout puisque tu peux mettre des dents en or. C'est chic, ça donne une plus-value à ton sourire et c'est toujours ce que les autres n'auront pas.

2. Les gosettes sont une spécialité belge, avec de la pâte à tarte repliée sur des fruits cuits (pommes, cerises et, ma préférée, abricots). En France,

Mais ce qui était curieux ici, c'est que les vieux attendaient devant la porte close et qu'on entendait des bruits bizarres à l'intérieur. Intrigué, Mickey se glissa dans la file.

— Ah non, hein ! s'indigna un papy. C'est pas du jeu ! Vous allez rafler toutes les caricoles !

— Hein ?

Quand la porte s'ouvrit, laissant sortir un pépé qui avait l'air d'avoir couru le Tour de France et fumé un tarpé, tenant un bol fumant, et que la tête de la vieille surgit pour gueuler « Au suivant ! », Mickey comprit qu'elle n'allait pas leur chanter la chanson de Brel, mais leur tailler une pipe.

Et si la vedette avait craqué pour le service après-vente de la mémé ? Mickey eut l'intuition que c'était the place to be. Et il attendit son tour...

Mémé Cornemuse eut un sourire gourmand en l'apercevant. Ça allait être la fête à Mickey ! Elle ouvrirait la boîte à Pandore.

on dit « chaussons ». Non, mais t'imagines la richesse de notre langue, alors que vous autres vous dites qu'on fait des belgicismes et qu'on ne parle pas bien le français ! Essaie une fois de dire à un Belge que tu vas bouffer un chausson ! C'est comme si nous on disait qu'on enfile des gosettes pour lire le journal.

32

Elvis s'assit sur son lit, près de sa chienne, et ouvrit la boîte à chaussures de Joël Bermude qui devait probablement contenir l'essentiel de sa vie. Toute une existence dans une boîte en carton... Un fatras de photos, de lettres, de cartes postales, d'articles où on parlait de lui au temps de sa gloire. Tout ça pour terminer à poil sous les roues d'une bagnole.

Elvis se demandait ce qui était pire : mourir écrasé ou vivoter dans un home avec des zombies.

Bermude était plutôt bel homme quand il était jeune. Plus rien à voir avec le vieillard qu'il avait renversé. Elvis détestait les ravages de l'âge. Aux premières rides, on devrait casser les miroirs et s'isoler pour éviter le regard des autres. Mais voilà, seul au bout d'un moment, on s'emmerde. Quand on a été moche toute sa vie, c'est moins dur. Y a une justice.

Il dénoua un ruban rouge entourant un paquet de lettres. Le charme discret des mots d'amour, de l'écriture à l'encre mauve, du papier parfumé... Que resterait-il de cela à notre époque des textos et des mails ? Un monde sans traces ni souvenirs.

La première lettre était enflammée. Elle commençait par « Mon amour », virait au rose, disait « tu es l'homme de ma vie » et d'autres niaiseries du genre. L'encre avait pâli, et elles n'étaient pas signées. Elvis lut les suivantes ; certaines contenaient des allusions plus coquines qui faisaient référence à des baisers fougueux. Quelque chose sonnait faux. Trop de violons. La dernière était la plus intéressante...

« Je ne sais pas comment te l'annoncer, mon amour, mais je suis enceinte. Je ne voudrais pas que notre enfant n'ait pas de père ni d'avenir. J'espère que cette nouvelle te donnera envie de m'épouser.

Je t'aime. »

Comment avait-il réagi à cette annonce ? Avait-il accepté de l'épouser avant que le sort en décide autrement ou avait-il paniqué ? Désirait-il cet enfant ? S'agissait-il de Lou ? Il l'avait peut-être tuée et avait voulu se débarrasser du corps dans l'Eau d'Heure... Le plus plausible était qu'il l'avait assommée, traînée jusqu'à son coffre et qu'elle avait dû se réveiller. Puis elle s'était débattue et avait perdu son médaillon.

Et si Elvis avait tout faux ? Le seul qui pouvait lui apporter un éclaircissement était Marc. Ou sa bique de mère...

Il allait retourner au home pour répéter dans la salle avant son concert, et en profiter pour rendre une petite visite de courtoisie à l'ancienne tenancière du bistrot. Elle devait cacher de sombres secrets sous sa jupe noire.

33

Mickey eut le sentiment qu'après l'avoir repéré dans la file d'attente, la vieille accélérait la cadence. Les pépés sortaient encore débraillés, comme s'ils n'avaient pas eu le temps de se rhabiller. *Allez, hop, buiten ! Dehors, bande de nazes.*

Quand ce fut le tour de Mickey, Cornemuse annonça à ceux qui suivaient que c'était closed, et qu'ils n'avaient qu'à revenir demain. Devant leurs protestations, elle ajouta qu'elle était syndiquée et qu'elle ne pouvait pas dépasser le nombre d'heures de boulot, sinon c'était double tarif. Ils remballèrent leurs illusions, retour au home, la queue entre les jambes.

Ainsi Mickey découvrit la casbah de mémé Cornemuse, un joyeux bordel d'objets kitsch et hétéroclites, où un gode encapuchonné d'une petite laine aux couleurs arc-en-ciel de la Gay Pride trônait entre Jésus et un portrait de JCVD entouré de loupiotes. Sur la table ronde, une boule de cristal, un jeu de tarots et une grosse araignée en plastique censée donner à ce décor une ambiance d'antre de sorcière. Puis çà et là, des bouteilles de rhum, de pinard et de chimay. L'évier débordait de vidanges. Visiblement, la cuisine n'était pas la principale préoccupation de la maîtresse des lieux qui n'avait rien d'une fée du logis.

— Allez, *zou*, mets-toi à l'aise, mon biquet, ordonna-t-elle en tirant sur son pétard. Tu veux une taffe ?

— Pas de refus.

Il tira un bon coup, espérant gagner du temps pour baratiner au lieu de baisser son froc.

— Vous faites le bouillon des caricoles vous-même ?

— Ouais, avec une sauce trappiste, mais t'es pas venu ici pour des cours de cuisine, I suppose ?

— Euh... Non, mais je me disais que vous pourriez mélanger de la beu dans le bouillon...

— Quelle bonne idée, dis ! J'en cultive un peu dans un pot, mais c'est juste pour ma conso perso et mon petit business. J'en ai pas assez pour en mettre dans mes caricoles.

— Mon pote Spéculoos a des plantations dans sa cave.

— Faudra que tu me le présentes. Bon, en attendant, montre-moi Mickey que je lui fasse faire un tour sur Space Mountain.

— Comment vous connaissez mon nom ?

— Quoi ? Me dis pas que tu t'appelles Mickey ?

— Ben si.

— Ah ! Ah ! Ils avaient fumé quoi tes vieux quand ils t'ont affublé de ce prénom ridicule ? Allez, fais voir ta souris.

— Écoutez... Je ne voudrais pas vous vexer, mais j'vous kiffe pas. J'suis juste venu pour avoir un bol de caricoles.

— Ah bon ? fit-elle, étonnée. C'est la première fois qu'on refuse mes services. Tous les autres y sont contents du bonus.

— Ce qui me fait bander, ce sont les meufs canon. Genre gros nibards, culs accueillants...

— Faut se méfier des canons, ça cache des boulets.

— J'tire un coup avec, je cherche pas à gagner la guerre, plaisanta Mickey.

— OK. Ferme les yeux et pense que je suis Claudia Shiffer. Paraît que je lui ressemble beaucoup.

— J'trouve pas trop...

Mickey essaya de gagner du temps.

— Tiens par hasard, vous n'auriez pas connu Joël Bermude ?

— La vedette des feuilletons à la noix, si, pourquoi ? Tu veux un autographe ?

— Non... C'est juste que... c'est mon oncle et... il aurait pu vous faire des confidences sur la banquette.

— Moi, j'suis tenue au secret professionnel, tu comprends. C'est un peu comme les curés. Allez, z'y va, go !

— Bon, d'accord. Mais avant j'aimerais bien une portion de caricoles. J'ai la dalle.

— C'est 20 euros.

— Quoi ? Mais c'est de l'arnaque !

— Non, les caricoles viennent de Blankenberge.

Mickey ne moufta plus. Fallait pas fâcher la momie. Pendant qu'elle était occupée à lui préparer son bol, il fit semblant de s'intéresser à la déco et en profita pour farfouiller un peu par-ci, par-là. Soudain, son attention fut attirée par un Caddie bleu Michou, sur le rabat duquel était collée une photo d'Annie Cordy. Il jeta un coup d'œil à la vieille qui semblait absorbée par sa tâche et touillait dans la casserole de bouillon. Discrètement, il souleva le rabat et découvrit qu'il était bourré de billets de banque... Pas de doute, c'était elle qui avait dévalisé la star. La salope !

Au moment où il se retourna, il reçut un énorme coup sur la tronche et s'écroula.

34

Guitare à l'épaule, Elvis se pointa donc au home Le Rossignol guilleret, suivi de Priscilla qui avait l'air guillerette. Elle aimait bien les vieux, surtout ceux qui postillonnaient en mangeant... Au moment où il traversa la cour, il vit surgir la tronche hirsute de mémé Cornemuse qui l'appela :

— Hep ! aboule, gamin, j'ai besoin de toi.

— Si c'est pour planter un clou, j'suis pas très bricoleur.

— Non, c'est pour m'aider à faire mon samedi. Et comme on est vendredi, je gagne un jour[1].

— Ça peut pas attendre, là ? Parce que j'ai répèt et...

— Non, ça peut pas. Allez, rouf rouf, gamin[2] !

Vu le ton péremptoire, il n'osa pas la contredire. Quand il entra dans la camionnette, il crut qu'il allait défaillir. Par terre, gisait un mec visiblement dans les vaps.

— C'est Mickey, expliqua la vieille.

Elvis crut qu'elle clapotait du couvercle.

— Et moi, j'suis Donald Duck.

---

1. Chez nous, faire son samedi, c'est faire le ménage. Et si tu fais ton samedi le vendredi, tu gagnes un jour ! Par contre, si tu le fais le dimanche, tu perds un jour. Logique.
2. Rouf rouf ! Magne-toi fissa !

— C'est vrai que t'as une bouche de canard, fit-elle en l'observant. Un peu comme Emmanuelle Béart... Bon, tu m'aides, ou tu lui brodes un linceul au point de croix ?

— Quoi ? Il... Il est mort ?

— J'sais pas. Je l'ai assommé avec ma poêle Tefal. C'est bien, ça n'accroche pas quand tu la tapes sur la gueule de quelqu'un.

— Qu'est-ce qui s'est passé ?

— Il a voulu me violer. L'est pas mon genre.

— Et tu l'as tué ?

— Non, j'me suis défendue. Bon, assez causé, faut agir. Tu recules ta limousine jusqu'ici et tu m'embarques Mickey Mouse dans le coffre.

— Mais... qu'est-ce que j'en fais ?

— On verra bien après. Prems, faut le mettre à l'abri, parce que c'est bientôt l'heure de mes visites. Puis tu vas planquer sa moto dans les taillis. Après l'opération commando, tu vas gratter ta guitare pendant que je fais mes consultations, et after, on se retrouve pour un débriefing. Allez, go, ma poule !

Elvis exécuta les ordres de l'adjudant-chef en prenant soin que personne ne le voie. À cette heure-ci, les petits vieux mangeaient, moment sacré qui était devenu la principale distraction de ceux qu'on casait dans les maisons de l'oubli.

Au moment où il s'apprêtait à rentrer dans le home, la vieille le rappela :

— Hé, ouvre le coffre, j'ai oublié quelque chose...

— M'enfin, c'est pas prudent.

— M'en fous, ouvre le coffre, j'te dis. Y a personne aux fenêtres. Sont tous en train de baver dans leur assiette.

Elvis obtempéra et vit mémé Cornemuse enlever le blouson à Mickey qui était aussi mou qu'une poupée de chiffon.

— J'ai toujours rêvé d'avoir un perfecto, lâcha-t-elle.

35

La directrice accueillit Elvis avec un grand sourire. Tout juste si elle ne roucoulait pas... À la façon dont elle ondulait des hanches, sûr qu'elle en pinçait pour lui. Pensez donc ! Un beau parti, banane rutilante, Cadillac qui en jette, en plus il lui avait confié qu'il possédait une petite maison dans les Marolles, au cœur de Bruxelles, et ce qui excitait surtout Mlle Dolimont – vieille fille, la faute à pas de chance –, c'est le regard de convoitise qu'elle percevait chez toutes celles qui croisaient sa route. Elvis dégageait une sorte d'aura du fait qu'il représentait un des chanteurs les plus sexy de la planète. Certes, il avait déjà un certain âge, un abcès de comptoir et un pif qui avait fait les vendanges. Il ne ressemblait pas vraiment au King, mais comme dit Douglas Kennedy[1] : « On ne voit que ce qu'on veut bien voir. » Jeannette Dolimont était une rêveuse qui attendait toujours son prince charmant et qu'importe s'il avait des varices sous ses cuissardes, elle n'était pas bégueule. Elle s'était longtemps occupée de sa

---

1. Faut lire Douglas Kennedy et Michel Bussi (lui, c'est mon pote et je le kiffe grave !). Sont géniaux, ces écrivains. On peut aussi partager ses coups de cœur, hein !

mère qui avait fini ses jours dans son home et n'avait pas eu le temps de se chercher un mari. Pourtant, chaque année, elle prenait quinze jours de vacances à Ibiza et elle en profitait pour se taper des autochtones, de préférence jeunes, contre monnaie trébuchante, ce qui ne la gênait nullement car, en plus de services rendus à la patrie, elle contribuait au bien-être économique de la population. Elle reprenait le boulot avec des paillettes dans les yeux et plein de bons souvenirs dans la culotte. La baise, ça met de bonne humeur.

Outre le fait qu'il la trouvait moche et surtout qu'elle puait le parfum bon marché, Elvis, qui tenait par-dessus tout à sa sacro-sainte liberté, avait envie de se mettre en mode frigo, mais s'il optait pour cette attitude, il risquait de ne pas pouvoir déambuler dans le home parce qu'elle pouvait mijoter sa petite vengeance. Et il voulait absolument questionner la mère de Marc. Ils traversèrent un couloir presque désert, à part un vieux qui poussait son Caddie en l'engueulant parce qu'il n'avançait pas assez vite ! Et un autre, plutôt pomponné – style ancienne star de films muets – qui lui tendit un autoportrait version rajeuni (il en avait un paquet qui débordait de sa poche). Voyant Elvis dépité, la directrice lui souffla à l'oreille que M. Van Denbroeck était la vedette du home et qu'il avait joué dans plein de films, dont *Cliffhanger* – mazette ! – mais comme figurant. Et chaque fois pour faire le même rôle, celui de buisson...

— Un autographe ? demanda le vieux.

— Vous n'avez pas intérêt à refuser, chuchota Jeannette Dolimont, sinon il va se mettre en colère.

— Avec plaisir ! fit Elvis.

Le vieux griffonna quelque chose au dos de sa photo et la tendit à Elvis Cadillac qui lut : « Pour Claude François avec toute mon admiration » et c'était signé Bruce Willis. Comme quoi, la gloire n'est qu'un miroir aux alouettes...

— Il n'est pas avec vous votre copain Freddy ? demanda la directrice en expliquant à son hôte que ces deux-là étaient inséparables.

— Non, répondit « le buisson », il est à l'infirmerie. Z'êtes pas au courant ? Il a voulu se couper la main pour la faire cuire au micro-ondes, parce qu'il a vu la marque jaune apparaître sur sa paume. L'infirmière est arrivée juste au moment où il avait commencé l'entaille...

— Seigneur ! s'exclama la maîtresse des lieux. Pire que des gosses ! Faut les surveiller tout le temps. J'ai pas une minute à moi ! J'suis fatiguée, fatiguée, fatiguée, comme dit Zidani[1].

Quand ils arrivèrent à la salle, elle lui annonça que tout était prêt pour qu'il puisse répéter et qu'elle allait lui faire apporter une tasse de café et...

— C'est gentil, la coupa Elvis, mais avant, j'aimerais aller dire bonjour à la mère de Marc, qui tenait le bistrot du village. Je suis devenu copain avec son fils.

— Ah ! Bonne chance ! Amélie est la pire de toutes nos pensionnaires. Jamais un sourire, toujours ronchon, à rouspéter sur tout. Une vraie teigne !

— Pas grave, j'ai promis à Marc...

— Allez-y, à cette heure-ci, elle est dans la salle de séjour. Vous ne pouvez pas la louper, c'est la seule habillée tout en noir.

Elvis longea un couloir rempli de photos de fleurs, censées apaiser les angoisses des petits vieux. Lui, ça lui filait les boules ! Y avait du brouhaha dans la salle de séjour qui était

---

1. Sandra Zidani, la Rolls des humoristes belges, qui a un humour décapant, une voix de cantatrice et un cœur en or. Je l'adore !

assez spacieuse et dont les fenêtres donnaient sur un petit jardin. Encore des fleurs...

Dans un coin, la télé beuglait devant un troupeau agglutiné. Ceux qui n'étaient pas assoupis rouspétaient sec. Au milieu, une vieille femme toute ridée, plutôt maigre, vêtue d'une robe noire. Amélie... C'est elle qui détenait la télécommande et zappait comme une malade, avec un petit sourire mauvais, visiblement contente de faire chier tout le monde. Les autres tentèrent de s'emparer de l'infernale machine, en vain ! Elle s'y accrochait pire que s'il s'agissait du trésor de Rackham le Rouge.

Ça n'allait pas être de la tarte de lui tirer les vers du nez !

Au moment où il allait pénétrer dans l'arène, une main osseuse s'agrippa au bras d'Elvis et lui procura une étrange sensation. Comme si la mort lui faisait signe...

— Je t'ai déjà vu quelque part, marmonna une vieille avec un chapeau orné d'oiseaux empaillés. (Puis elle parut réfléchir et lâcha :) Je sais ! T'es Luis Mariano !

Elvis avait entendu dire qu'il ne fallait jamais contrarier les fous ou ceux qui ont Alzheimer, et il se contenta de sourire.

— Moi, c'est Carmen Sevilla. On a joué ensemble dans *Violettes impériales*. Tu te souviens, chéri ?

— Euh... oui, bien sûr.

Et elle se mit soudain à chanter d'une voix tremblotante :

> *L'amour est un bouquet de violettes,*
> *L'amour est plus doux que ces fleurettes...*

Putain, encore des fleurs ! Elvis se sentait ramollir. Un bouquet de plus et il allait se transformer en guimauve.

— Viens ! lui ordonna-t-elle en l'entraînant vers le couloir.

— C'est que je dois voir quelqu'un.

— Tu le verras après. Faut pas me contrarier sinon j'ai des crises d'épilepsie et je me roule par terre et je bave et...

Après tout, y avait pas le feu au lac et la squatteuse de télécommande n'allait pas s'envoler. Elvis décida donc de suivre Carmen Sevilla. Quand il vit qu'elle l'emmenait dans sa chambre et plus précisément dans ses toilettes, il regretta d'avoir laissé parler son bon cœur. Sur un ton de guide de musée, elle lui expliqua que là, sur le trône, s'était assis Joël Bermude, la grande vedette, venu lui rendre une petite visite de courtoisie quand soudain, il avait été pris d'une envie pressante de pisser – elle précisa qu'il avait des problèmes de prostate – et que donc, il avait posé son illustre postérieur sur la planche de ses waters.

— J'organise des visites guidées. C'est 2 euros, l'entrée. Mais comme tu es Luis Mariano, pour toi, c'est gratuit.

Quelle chance!

— Depuis, ajouta-t-elle, je ne veux plus qu'on lave mes cabinets.

Elvis s'empressa de sortir de ce lieu de culte. Il n'avait qu'une envie, quitter cette chambre remplie de bondieuseries. Mais elle avait peut-être des choses à lui apprendre au sujet de la vedette.

— Vous connaissez bien Joël Bermude, alors...

— Trèèès bien! Nous sommes amants. Mais c'est platonique. Il m'a dit tout de suite : « Avant, j'étais un rossignol des alpages et maintenant, je suis un colimaçon des pâturages.[1] »

— Allez vous donc! Et il vous a fait des confidences?

— Oui... Sur l'oreiller, les langues se délient... Tu as des nouvelles de lui? J'me demande où il est passé. Ça lui arrive

---

1. C'est de mon ami Claude Mesplède, le pape du polar, qui un jour m'a dit : « Assieds-toi sur ma bite et causons... » Un gentleman!

bien de faire des escapades, mais pas aussi longtemps. Je commence à m'inquiéter. J'espère qu'il n'est pas parti en vacances sans moi !

— Oh, il va revenir, mentit Elvis. Les hommes ont besoin d'espace de temps en temps. Puis c'est un artiste et nous on aime l'aventure.

— Oui, grogna-t-elle ! Même qu'il avait encore son petit succès auprès des femmes. Il m'a raconté qu'une jeunette lui avait mis le grappin dessus.

— Il devait être flatté !

— Sans doute puisqu'il s'en vantait.

— Et vous n'étiez pas jalouse ?

Là-dessus elle ne répondit pas et eut un drôle de rictus qui mit Elvis mal à l'aise. On aurait dit qu'elle venait d'avaler une couleuvre. Son regard s'était soudain noirci et ses traits étaient devenus durs. Elle se crispa et il craignit qu'elle ne fasse une crise. Mais elle marmonna quelque chose et il comprit : « Le diable a voulu qu'elle crève. »

Il était temps qu'il se casse avant de cramer en enfer.

— Bon, je vous laisse car j'ai rendez-vous avec Amélie.

— Ah ! Ah ! Cette vieille punaise ! On raconte qu'elle a cuit son canari à la poêle. Bien capable ! Elle emmerde tout le monde.

Décidément, pensa Elvis, *la vengeance n'est pas toujours un plat qui se mange froid.*

36

Ne voyant pas revenir son pote, Spéculoos commença à s'inquiéter. Il s'en voulait de ne pas avoir insisté pour l'accompagner au home, mais Mickey avait été catégorique à ce sujet, manifestement il voulait y aller seul. Après tout, qu'est-ce qu'il risquait contre des petits vieux grabataires qui ne pouvaient même plus ouvrir leur bouteille de flotte sans qu'on les aide[1] ?

Il décida quand même d'aller voir ce qui se passait. Pas normal. Il aurait dû être rentré depuis plusieurs heures. Ils avaient une livraison de beu ce soir-là.

Quand il arriva au Rossignol guilleret, Spéculoos faillit tomber de sa mob en voyant une vieille peau sortir d'une camionnette, affublée du perfecto de son ami. Pas de doute, c'était bien le sien, avec un aigle brodé au-dessus de la poche droite. Il décida de la jouer fine.

— Salut ! Je cherche mon pote Mickey. L'auriez pas vu, par hasard ?

— Non, j'connais Riri, Fifi et Loulou, mais pas Mickey.

---

1. Non, mais t'as déjà essayé d'ouvrir une bouteille d'eau, toi ? Faut une tenaille ! C'est pour cette raison que les Belges boivent du pinard.

— Bizarre, pourtant vous portez son blouson !

— L'ai trouvé par terre. Et ce qui est devant chez moi est à moi, décréta mémé Cornemuse.

— Bon... Si vous le voyez, dites-lui que Spéculoos le cherche.

— Dis, c'est pas toi qui cultives des plantes sauvages dans ta cave ?

— Euh... Comment vous savez ça ?

— Les petits vieux ont la langue bien pendue. Et le reste aussi, malheureusement... Allez, entre, gamin, on va causer business.

La vieille le mit donc au courant de son plan - mélanger de la beu au bouillon des caricoles - et lui proposa un partenariat équitable : 80 % pour elle et 20 pour lui.

— Ça va pas la tête ? beugla Spéculoos. C'est pas juste !

— Si ! Réfléchis... Qui c'est qui a eu l'idée de génie ? C'est bibi. Ça va marcher du feu de Dieu, c't'affaire et après, on pourra exporter not' business dans le monde entier. Et si tu dis *niet*, t'auras que des crottes de bique.

— Ouais... vu sous cet angle...

— Alors, tope là ?

Spéculoos vit qu'il n'y avait aucune discussion possible et entre un peu de beaucoup et rien du tout, il claqua sa paluche dans celle de la vieille et conclut l'affaire du siècle.

— Maintenant, tu me montres où est ta cave, pasque moi, j'achète pas un rat dans un sac.

C'est ainsi que mémé Cornemuse grimpa à l'arrière de la moto du loubard qui partit en pétaradant vers de nouveaux horizons pleins de promesses verdoyantes.

37

La vieille bique n'était plus dans la salle de séjour. Le calme était revenu ! Elvis demanda à un infirmier qui lui indiqua le numéro de la chambre d'Amélie.

— Au bout d'un moment, expliqua-t-il, on la ramène chez elle parce que c'est plus possible. Entre nous, heureusement qu'elle est en fauteuil roulant, sinon je ne sais pas comment on ferait ! Là, on la pousse et *zou* !

Chambre 17. La radio allait à fond de balle ! Inutile de frapper, elle n'entendrait rien. Il ouvrit la porte et s'excusa pour l'intrusion. Il aurait parlé à une roue de vélo, c'était pareil. Elvis ne vit qu'une solution pour pouvoir causer avec le monstre : il éteignit la radio. Elle se mit à pousser des cris stridents, pire que si on la violait. Il s'attendit à voir débouler le staf des infirmières. Personne. Elles devaient être habituées à ses caprices et ne plus se déplacer pour des prunes.

Il s'assit sur le lit et attendit qu'elle se calme un peu, puis lui dit qu'il venait de la part de Marc. De nouveau, elle poussa une gueulante. Visiblement, le fiston n'était plus dans ses bonnes grâces. Venait-il souvent la voir ? Elvis estimait qu'il fallait parfois se protéger de l'emprise de ses parents, surtout quand ils étaient toxiques. Et il était bien placé pour le savoir... Sa harpie de mère avait causé pas mal de dégâts et il passait sa vie à se soigner avec les fleurs de Bach. Rescue contre le trac avant chaque spectacle, mais aussi une flopée d'autres fleurs magiques contre les angoisses, merci, môman.

Il décida de bluffer et lâcha :

— Je suis le frère de Lou.

Un grand silence... Elle lui lança un regard de hyène et se mit à triturer les bords de sa robe noire. Stupéfait, Elvis remarqua qu'elle avait caché de la nourriture et ce qu'il perçut être des serviettes de table ainsi qu'une salière sous sa robe. Mais il ne fit aucun commentaire à ce sujet. Il n'était pas là pour ça.

— Vous l'avez bien connue, n'est-ce pas ?

— Saloperie ! marmonna-t-elle.

— Vous ne l'aimiez pas ?

— Sale pute.

— Qu'est-ce qu'elle vous a fait pour que vous la traitiez de la sorte ?

— Voulait me prendre mon fils. A réussi !

— Mais... Elle est morte. Du moins, je suppose car on n'a pas retrouvé son corps.

— Pas crevée pour lui. Pire qu'avant. L'a rendu malade.

— Elle a été méchante avec lui ? demanda Elvis qui voulait creuser tant qu'elle alignait des bribes de phrases.

— Pas une femme pour lui ! Saloperie...

— Pourquoi ?

— Saloperie, se borna-t-elle à répéter.

Puis elle allongea son bras et tourna le bouton de la radio au maximum, signifiant à son visiteur imprévu qu'il était temps qu'il se casse.

Elvis se sentait soulagé de quitter cet endroit où la haine phagocytait tout l'oxygène. La preuve : la seule plante verte posée sur la fenêtre était en mauvais état.

S'il n'avait pas appris de nouveaux éléments, une chose était certaine, la vieille vouait un dégoût profond et une rancœur terrible à Lou.

Au moment où il voulut rejoindre la salle de spectacle pour répéter, Elvis entendit une voix plaintive qui paraissait appeler au secours. Elle provenait de la salle d'eau. Il poussa la porte et vit une petite vieille, assise sur un bidet, avec son manteau, son parapluie, son cabas et un fichu sur la tête.

— J'ai perdu mon ticket, pleurnicha-t-elle en fouillant dans son sac.

— Quel ticket ? s'enquit Elvis.

— M'enfin ! Mon ticket de tram, tiens ! Et si le contrôleur passe, je l'ai dans l'pet. J'perds tout. Avant, j'avais une mémoire d'éléphant et maintenant, j'ai un cul d'éléphant[1].

— Ah... euh, bredouilla Elvis qui avait envie de rire. Et vous allez où ?

— À Walibi[2]. Mon neveu Bernard qu'est pédé dit toujours : « Les saunas, c'est comme au Walibi. Tu peux aller sur le Tornado ou visiter en barquette. » Dis, tu peux pas tirer la sonnette d'alarme ? Je veux descendre. J'crois que j'ai laissé tomber mon ticket en montant dans l'tram.

Elle lui désigna la chasse d'eau des toilettes juste à côté et il tira dessus pour contenter la dame. Au bruit de la flotte, elle parut soulagée, se leva et commença à inspecter le sol.

— C'est tous les jours la même chose, se plaignit-elle. Je perds tout ! Hier, c'était pareil. Je devais aller à la mer et bernique ! Plus de ticket. Je devrais prendre le train. Qu'est-ce qu'on est mal assis sur ces banquettes, se plaignit-elle. Mais

---

1. C'est de ma sœur de cœur qui tricote des chaussettes.
2. Walibi, bi, bi, j'en suis baba... c'est notre Euro Disney belge, à Wavre. Mais à la place de Mickey, t'as un kangourou orange qui distribue des pubs à l'entrée.

la gare est toujours fermée en bas. Y a personne au guichet. Elle toisa soudain Elvis comme si elle venait de le découvrir et lui demanda s'il était saint Nicolas.

— Non, c'est pas moi.

— Dommage, sinon vous auriez pu m'emmener sur votre âne. Ma petite-fille aurait été épatée ! Elle aimait tant saint Nicolas quand elle était gamine. Vous ne la connaissez pas ?

— Je n'ai pas cet honneur.

— 'Tendez...

Elle fouilla dans son tiroir rempli de merdouilles et finit par extirper une photo qu'elle tendit à celui qu'elle considérait comme son sauveur, puisqu'il avait tiré la sonnette d'alarme.

Elvis réprima un cri quand il reconnut Lou.

38

À cette heure, Shelly, la sœur de Spéculoos, était dans son salon de coiffure. Par contre, ce dernier avertit mémé Cornemuse que Pierre-Jean, son connard de beau-frère, était à la maison.

— Z'allez voir, c'est une blague à lui tout seul, précisa-t-il.
— J'aime pas les blagues. Me font chier quand on les raconte. Dis rien, je préfère avoir la surprise.

Le paquet de chips éventré sur la table jonchée de canettes témoignait de la présence du beauf.

— J'sais pas ce que ma frangine lui trouve !
— Y doit bien lui chatouiller le clito, conclut la vieille.
— S'il est pas ici, c'est qu'il est dans la cave en train de mater des films pornos. Il y passe ses journées. Sinon, il est dératiseur. Mais comme y a pas beaucoup de bestioles de ce genre dans la région... Et quand il en attrape, il les empaille et il en fait des tableaux.
— Hein ?
— Là, dans la vitrine, désigna Spéculoos en traversant le salon.

Effectivement, à l'intérieur de cadres en bois, on pouvait admirer l'œuvre de Pierre-Jean, éclairée par un spot, allumé en permanence. Des rats habillés avec des bouts de loques étaient collés sur la toile. Pas du grand art !

— Quand on ouvre la vitrine, ça schlingue à mort ! expliqua Spéculoos qui ne semblait pas sensible aux œuvres de son beau-frère. Enfin, ce qui est sûr, c'est qu'on risque pas de lui chouraver ses merdes.

— Sont mal habillés, constata la vieille. Tu comprends, s'il s'inspirait de Jean-Paul Gaultier ou de Martine Sam[1], ce serait plus classe. Si les créations artistiques ne sont pas le résultat d'une adéquation parfaite entre la matière première et l'exigence des détails, elles n'ont aucune valeur. La mode est la quintessence de l'élégance de l'art.

Spéculoos la regarda bouche bée. On sentait que l'info avait du mal à grimper de ses oreilles à son cerveau. Il observait la vioque avec sa robe à fleurs, le Perfecto de son pote et ses baskets fluos. C'était pas vraiment le comble de l'élégance.

— Ouais, tu te dis que j'applique pas ces principes, railla Cornemuse. C'est tout simplement parce que moi, j'ai pas besoin de ça pour être belle. Oscar Wilde disait que la mode est une forme de laideur tellement intolérable que nous avons à la changer tous les six mois. C'est pas parce que j'adhère à un principe pour l'art que je le suis. J'ai autre chose à foutre que de faire du shopping. Paris Hilton, elle a pas le choix parce qu'elle a pas de cervelle. Moi bien. Bon, elle est où, cette cave ?

Spéculoos poussa une petite porte au bout du couloir et ils descendirent les marches étroites. Il faisait très chaud à cause des lampes. Mémé Cornemuse découvrit l'antre des paradis artificiels. Baudelaire aurait été aux anges !

— Tu t'es jamais fait choper par les keufs à cause de ta surconsommation d'électricité ? demanda-t-elle.

---

1. Martine Sam, créatrice belge originale (pléonasme).

— Non, pas de danger. Le frangin de mon beauf est dans la police. C'est moi qui lui fournis sa zeub.

Dans le fond, le beauf collé à son écran de télé se branlait avec ferveur. Il n'avait pas entendu les visiteurs. Quand il lâcha la panacée céleste, il émit un son rauque digne du Roi Lion.

— Ça va ? On te dérange pas ? demanda Spéculoos en rigolant.

— Oh, putain ! Tu m'as flanqué une de ces trouilles ! Préviens quand tu débarques, mec.

Il pivota et découvrit la vieille.

— C'est qui, celle-là ? grogna-t-il.

— J'suis sa fiancée, décréta Cornemuse.

— Ah ! Ah ! Tu fais dans les vide-greniers maint'nant ?

— C'est mon associée.

— Mmm... J'veux pas dire, mais l'autre était quand même plus sexy.

— Quelle autre ? s'enquit la vieille.

— Ben, la rousse qui venait ici avant. L'était bien bandante, la Lou ! Tiens, regarde ! fit-il en lui tendant une photo en mauvais état qu'il extirpa de sa poche. C'est elle qui me l'a donnée.

Cornemuse reconnut la fille du médaillon.

— Ah bon ? Elle dealait avec toi ?

— Ouais. Un peu...

Voilà une info qui allait intéresser Elvis. Mais avec mémé Cornemuse, tout se monnayait et s'il voulait en savoir plus, il devrait la payer en nature. L'idée de se taper le roi du rock n'était pas pour lui déplaire. Elle avait toujours aimé les bananes.

39

Elvis était allé essayer la sono dans la salle où il comptait donner son tour de chant, puis il était remonté dans sa Cadillac comme un zombie. Planquée à l'arrière, Priscilla dégustait un bout de jambon tombé de la tartine d'un petit vieux. Miam !

Il roulait tout en ressassant les propos de la grand-mère.

« Ma petite-fille avait un secret. Elle me l'a confié, mais je ne peux le dire à personne. Parfois, la nuit, elle vient me parler. Je l'ai vue, au pied de mon lit, y a pas longtemps. Elle me souriait et me disait de ne pas m'en faire pour elle. Que là où elle était, elle allait bien. Puis j'ai vu ses longs cheveux roux prendre feu. Y avait des flammes tout autour d'elle ! Ils ont brûlé sa robe et elle est partie en fumée. Le lendemain matin, j'ai trouvé un petit tas de cendres au pied de mon lit. »

Elvis Cadillac n'avait pas résisté à l'envie de lui demander ce qu'elle en avait fait.

« Je les ai mises dans mon pot de fleurs, sur ma table de nuit. Depuis, mon ficus pousse bien. Je parle à ma plante tous les jours. »

Elvis avait tenté d'en savoir un peu plus sur le secret de Lou et elle avait répondu : « C'est ce qui l'a tuée. »

Après, il avait senti qu'elle partait sur une autre planète, le regard tourné vers le mur nu où elle semblait voir des images du passé, comme des ombres mortes, seulement animées par son souvenir. Une ligne de vie qui s'arrêterait bientôt. Elvis aimait les souvenirs, mais pas la nostalgie. « Pleurer sur le passé, c'est vieillir plus vite.[1] »

Il mit un CD du King pour se changer les idées. « *Love me tender* ». Pourquoi cette fille l'obsédait à ce point ? Il ne l'avait pas connue et pourtant, il avait l'impression bizarre de l'avoir rencontrée. Mais où ?

C'est en passant sur un dos-d'âne qu'il entendit un bruit sourd dans le coffre et comprit qu'il avait oublié le gars enfermé à l'intérieur.

Il fit demi-tour et fonça chez mémé Cornemuse. Après tout, c'était son colis. Pas le sien.

La vieille était dans sa camionnette. Visiblement, il la dérangeait. Quand elle avait ouvert sa porte, il avait senti l'odeur de la beu à plein nez !

— Pas le moment, grogna-t-elle, j'suis en pleine prépa culinaire. J'suis au taquet !

— Bon appétit. Mais qu'est-ce que je fais du mec dans le coffre ?

— Pas mon problème.

— Comment ça ? s'énerva Elvis. C'est toi qui me l'as fourré dans ma bagnole et...

— À qui qu'elle est, la teuf, hein ?

---

1. C'est de mon cousin Philippe Monfils, ancien ministre et député belge, fan du BIFFF (le meilleur festival de films d'horreur de Bruxelles), de voitures de sport, de sorcières, de voyages et de sucettes Chupa Chups.

— À moi.

— Donc, tout ce qui est dedans t'appartient. Allez, salut ! Je retourne à mes fourneaux. J'ai autre chose à faire de ma life que me balader avec des touristes.

— T'es gonflée ! cria-t-il.

Elle se contenta de lui claquer la porte au bec.

Punaise ! Elle est quand même raide, celle-là ! Je lui rends service et voilà le remerciement : démerde-toi, mon coco.

Il tambourina sur la porte, et la fée Clochette réapparut avec ses pantoufles à pompons rongées par les mites.

— Défonce ma porte tant que t'y es ! Qu'est-ce qu'il veut encore, l'enflure ?

— Dis, je prends des risques, moi ! lui fit remarquer Elvis. Y a bien quelqu'un qui va constater la disparition du gars que tu m'as refilé.

— Non, y m'a confié qu'il vivait seul avec sa daronne et qu'elle avait le neurone pété par la coke. Elle sait même pas qu'elle a perdu son pucelage.

— Mais il devait bien avoir des potes et, s'il y a une enquête, j'fais quoi, moi ?

— Pas mon blème. Et arrête de m'emmerder avec tes tracas domestiques, j'ai autre chose à foutre moi, espèce d'orchidoclaste !

— Hein ?

— Ça vient du grec, *orkhis*, testicules et *klastos*, brisées. Traduction : casse-couilles.

— Tu manques pas d'air, grogna Elvis.

— Tu sais quoi ? Tu te prends trop la tête avec des biestries. Tu veux un p'tit conseil, gamin ? Bois, fume, pète et va chez Ricard, lui rétorqua-t-elle avant de disparaître dans sa casbah à roulettes.

Furax, il décida d'ouvrir le coffre et de laisser le gugusse devant la camionnette de la vieille folle. Retour à l'envoyeur. Fallait pas jouer avec ses boules. Elle lui avait couru sur le haricot. *J'suis pas Mère Teresa, moi !*

Et il se rappela ce proverbe maritime qui disait : « N'insulte jamais un crocodile avant d'avoir traversé la rivière. » *Bien fait pour sa gueule à la reine des fourneaux. L'avait qu'à être plus aimable.*

Il ouvrit le coffre et constata que le gaillard ne bougeait plus. Il le secoua. Pas de réaction. Le secoua encore. Rien.

Il lui fallut un moment avant de se rendre compte que Mickey était mort.

Un jour ou l'autre, même les personnages de notre enfance finissent par s'effacer de nos vieux livres d'images.

40

L'était bien emmerdé Elvis, avec son cadavre dans le coffre ! Décidément, sa Cadillac se transformait en corbillard depuis son séjour dans la région ardennaise. Il savait qu'il n'obtiendrait aucune aide de la vieille. Qu'est-ce qu'elle traficotait encore dans sa camionnette ? Il décida d'aller boire un verre en attendant la nuit pour balancer le corps dans le lac de l'Eau d'Heure. Et hop ! Un de plus ! Pratique, cet endroit...

Il zappa son troquet habituel pour aller déguster une chimay et une portion de fromage au Relais, rue Léopold, à deux pas du centre. Cet endroit chaleureux et bon enfant, à la déco génialement kitsch, tenu par Alain et Yohan, super sympas, tous deux coiffés d'une queue-de-cheval, était renommé pour sa cuisine du terroir. On pouvait y savourer des escavèches[1], des côtes de porc à la sauce Chimay - miam, dis ! - et bien d'autres bonnes choses. Un lustre en cristal, digne de trôner dans le salon de la Pompadour, surplombait la table centrale qui, à Noël, devenait une crèche avec un Jésus gran-

---

1. Des escavèches, ce sont des poissons qui ont mariné dans le vinaigre. La recette d'origine est à base d'anguilles. Et bien sûr, tu l'accompagnes d'une bonne chimay (rouge si tu tiens pas la route et bleue si t'es haltérophile de comptoir).

deur nature, et des maisonnettes lumineuses parsemées tout autour du comptoir ! À côté de ça, les décos dans les vitrines des Galeries Lafayette, c'était du pipi de chat. Aux murs, des tableaux anciens, une vieille horloge et des bénitiers comme chez bobonne. Bref, on s'y sentait chez soi.

Passionné par son métier de cuistot, Yohan expliqua l'art de déguster une bière à son client qui était en parfaite harmonie avec le décor.

Il lui conseilla une chimay dorée au fût, réputée pour sa touche fruitée, son goût de muscat et de raisins secs qui dansent la farandole sous des paillettes de houblon frais et d'épices.

— À mourir ! ajouta-t-il, l'œil brillant. La chimay est fabriquée à l'abbaye de Scourmont avec des produits naturels. Et une partie des revenus sont reversés à des œuvres sociales. Ainsi, on a le sentiment de faire une bonne action en picolant.

Joignant le geste à la parole, avec une précision de métronome, il lui expliqua qu'il fallait incliner le verre à 45°, verser délicatement le divin breuvage jusqu'à la moitié de la bouteille, ensuite redresser le verre et toujours laisser un centimètre au fond pour éviter que la levure vienne voiler la bière. Avec ça, il lui servit un fromage de Chimay, que tu m'en diras des nouvelles !

La bière, ça rapproche. Et chez nous autres, le tutoiement est immédiat si t'es sympa. C'est comme qui dirait une marque de gentillesse.

— Tu dois d'abord goûter la bière, ensuite tu manges un bout de fromage sans la croûte. Seulement après, tu reprends un autre morceau avec la croûte et là-dessus, tu bois de nouveau un bon coup pour mélanger les deux produits en bouche. Tu vas voir, c'est comme si l'ange Gabriel faisait des glissades dans ton gosier.

Déguster une chimay relevait du grand art ! Dans les explications passionnées de Yohan, on sentait tout l'amour et le respect qu'il avait pour sa région et les moines qui contribuaient aux délices de la vie.

Il n'y avait pas beaucoup de monde ce jour-là, à part un couple avec un petit chien qui s'appelait Léon, et un homme aux cheveux foncés dont le visage respirait la bonhomie. Assis sous un très beau portrait de femme, il semblait écouter attentivement la conversation. Alain, qui servait en salle, posa quelques questions à Elvis, le premier sosie qu'il rencontrait. Puis Yohan s'épancha sur l'histoire de sa petite ville. Il y était né et on sentait qu'il n'en bougerait jamais.

— D'ailleurs, raconta-t-il, quand j'étais gamin, je voyais la maison de mes rêves dans ma rue. Et tu sais quoi ? J'y habite aujourd'hui ! Incroyable hein !

L'homme aux cheveux noirs se mêla à la conversation. Chimay, c'était sa ville et on sentait qu'il l'aimait. Elvis apprit qu'il s'appelait Frosty, était guide au château et passionné par ce lieu. Il l'invita à venir visiter le sublime petit théâtre de stucs et d'or, dans un style baroque, où chanta la Malibran et qui servit de décor au *Maître de musique* de Gérard Corbiau.

Il lui parla aussi du pavillon de Mme Tallien, une amie des artistes, précisa-t-il, construit au début du XIXe.

— Comme elle a aidé une centaine de prisonniers à échapper à la guillotine, on l'a surnommée Notre-Dame de Bon Secours. Et anecdote amusante, elle a fait passer un message à son amant dans un cœur de salade.

Trop content de pouvoir partager sa passion pour l'histoire de sa ville, et sentant qu'il avait affaire à un bon public en la personne d'Elvis, Frosty continua son récit.

Tout en dégustant sa bière, Elvis Cadillac écouta donc la terrible légende du prince de Chimay, qui fut emprisonné pendant sept ans, non loin de là, au château de Couvin, alors qu'il s'imaginait être très loin des siens. Il fut délivré par un berger qui s'était amusé à tirer une flèche dans la brèche avec son arbalète. En voulant la récupérer, le prisonnier avait retenu son bras et lui avait parlé, le suppliant d'avertir sa femme.

— Savez-vous, ajouta-t-il, que le château est toujours hanté par ces présences ? Certains pensent que ce sont des fantômes... D'ailleurs, y a des nuits où on entend des pas dans les escaliers, alors qu'il n'y a personne.

À cet instant, quelque chose germa dans la tête d'Elvis Cadillac. Il partait du principe que rien n'est dû au hasard et que si cet homme, qu'il ne connaissait pas, lui avait conté cette anecdote, c'est qu'elle n'était pas anodine et constituait peut-être un petit signe de là-haut - sûrement envoyé par le King - pour faire avancer son enquête. *Et si Lou était enfermée quelque part, ici tout près ?*

41

L'antre du diable devait ressembler à ce lac rempli de cadavres. Elvis en avait marre de devoir se débarrasser des morts qui jalonnaient son chemin depuis qu'il était ici. Qu'avait-il fait pour mériter un tel châtiment ? Lui, tout ce qu'il demandait, c'était de donner ses concerts, peinard, devant des fans du King. Et pourquoi se retrouvait-il toujours mêlé à des enquêtes ? Il aurait très bien pu ne pas s'en occuper de cette histoire avec cette fille rousse qu'il ne connaissait même pas. Mais voilà... C'était plus fort que lui ! Et maintenant, cette nana l'obsédait. Il voulait savoir ce qu'elle était devenue. Il était le joujou du roi du rock qui, de là-haut, s'amusait encore un peu... Et cette idée n'était pas pour lui déplaire, car il rendait service en résolvant des enquêtes. Bon, d'accord, y avait parfois des dommages collatéraux, mais c'était pas sa faute.

Plus il y réfléchissait, plus il se disait que ça ressemblait bien au King qui, de son vivant, essayait de communiquer avec l'esprit de son frère jumeau mort à la naissance ou dialoguait avec son ombre projetée sur un mur de Las Vegas.

Il se sentait donc investi d'une mission. Fallait pas décevoir son idole !

Avant de balancer Mickey dans la flotte, Elvis avait fait une petite prière à son dieu et l'avait imploré d'emmener cette âme noire au paradis du rock, parce qu'il croyait à la rédemption. La musique adoucit les mœurs, et les meurtres aussi...

Était-ce la vision de ces eaux troubles ? Ou le froid soudain ? Ou la chimay ? Elvis avait la nausée. Quelqu'un faisait des claquettes dans son estomac pendant qu'un autre jouait du tam-tam dans sa tête.

Au moment de remonter dans sa Cadillac, il s'aperçut que sa chienne n'était plus là ! Bizarre ! Elle ne sortait jamais de la voiture sans son autorisation. Du coup, il laissait toujours les fenêtres ouvertes, sans craindre qu'elle ne s'en aille. Il regarda sous le siège, où elle se planquait parfois quand il faisait trop chaud. Personne. À l'arrière non plus.

Il l'appela en se disant que, pour une fois, elle avait peut-être eu envie d'aller se balader aux alentours. Appela encore et encore... Pas de Priscilla.

Je vais finir par me faire repérer ! Il décida de partir à sa recherche, espérant qu'aucun flic ne s'aventurerait par ici. Tout le monde dans la région savait que ceux qui traînaient dans cet endroit n'avaient pas la conscience tranquille. La nuit, le lac était un lieu dangereux, pas une aire de villégiature, ni de balade romantique.

Priscilla ! Reviens !

Au bout d'un moment, il commença vraiment à s'inquiéter.

Et si elle était tombée dans l'eau ? On prétend que tous les chiens savent nager... Sauf elle ! Il l'avait une fois plongée dans la piscine d'un copain et elle avait coulé à pic.

Il contourna le lac en continuant à appeler l'amour de sa vie. En vain. La nuit ouvrait lentement la porte aux fantômes emprisonnés dans l'infini et il les voyait se glisser parmi les branches des arbres noirs qui allaient se noyer dans les eaux glauques. Comme de mauvais présages.

42

Spéculoos et mémé Cornemuse testaient les caricoles à la beu, histoire de mesurer les doses.

— Putain, j'kiffe ! fut le verdict du partenaire (très minoritaire) de la vieille.

— Ça manque encore de verdure, décréta Cornemuse.

Spéculoos s'était vite rendu compte que, pour éviter les conflits, il fallait abonder dans son sens. Mais ce qu'il ignorait, c'était que, pour elle, seuls ceux qui lui tenaient tête avec intelligence avaient toute sa considération. N'avait jamais aimé les moutons, béni-oui-oui et lécheurs de pompes. Dès le début, elle avait classé son fournisseur d'herbe à rêver dans la catégorie des crétins. Une pauv' clette[1]. Et comme disait Jean-Claude : « Quand t'es con, tu sais pas que t'es con puisque t'es con. Alors que quand t'es pas con, tu sais parfois que t'es con. »

Tout en savourant son bouillon aphrodisiaque, Spéculoos pensait à Mickey. Bizarre qu'il ne lui ait pas donné de nouvelles ! C'était pas son genre de lâcher une affaire et, tant qu'il n'aurait pas retrouvé l'ordure qui les avait baisés en vidant le coffre de Joël Bermude, il serait au taquet. Il le connaissait

---

1. Un pauv' mec, du genre que t'en veux pas dans ton plumard.

bien, c'était un tenace. D'ailleurs, il s'était fait tatouer deux devises sur les bras : une des Hells Angels « DFFL[1] » et « Never lost », n'abandonne jamais.

La vieille venait de s'enfiler un autre bol – la gourmande ! – et elle avait visiblement le cervelet dans le potage.

— Hé, gamin, tu sais pourquoi le Père Noël sourit sur son gâteau ?

— Parce qu'il est content de faire plaisir aux gniards.

— Meuh non ! Il s'en tape ! Il sourit parce qu'il a le cul dans le beurre et qu'il sait qu'il va être sucé. Ah ! Ah !

— Ouais...

— Bon, t'as pas le second degré. T'es nul. Moi frelon agressif, toi moustique frileux. Tu sais quoi ? T'as une gueule à chercher des Pokémon.

— T'as un peu forcé sur le bouillon, mémé !

— Hé, tu sais ce qu'elle disait la grand-mère de mon pote Saule[2] ? « C'est pas avec un seau d'eau qu'on va nettoyer la gare de Mons ! »

Sur ces paroles pleines de sagesse, elle se mit à chanter à tue-tête « Laisse les gondoles à Deniseu... Fous ses ch'mises dans la Tamiseu... » en regardant par la fenêtre. Peut-être voyait-elle les eaux grises de Venise comme des lambeaux de souvenirs accrochés au pont des Soupirs, et Casanova sortant des Doges, courant vers les amours perdues d'une vie où trop de rêves tuent la possibilité d'une île.

---

1. DFFL : *Dope Forever Forever Loaded* (pour ceux qui causent pas english : drogue toujours, toujours défoncé), bref, faut être pété du couvercle pour te faire tatouer cette merde.

2. Saule, pour les Français qui ne le connaissent pas encore (les incultes !), c'est une star chez nous autres. Un super chanteur. (Vaut mieux être pote avec lui... Il mesure pas loin de 2 mètres et ses gamins jouent avec une guillotine.) Mais paraît que pour les photos il grimpe sur un tabouret...

Spéculoos en profita pour appeler Mickey. Soudain... le téléphone se mit à sonner dans le blouson que la vieille avait soi-disant trouvé devant sa camionnette. Mickey aurait pu oublier son perfecto, mais jamais il ne serait parti sans son GSM. Il l'avait toujours sur lui, même qu'il pionçait avec !

Trop dans le coaltar, la vieille ne se rendit compte de rien. Spéculoos lui lança un regard noir avant de se lever doucement et de se diriger vers elle, après avoir saisi un couteau qui traînait sur la table.

43

Complètement découragé, Elvis remonta dans sa Cadillac et s'affala sur son volant pour pleurer. Sa chienne, c'était sa raison de vivre. Il n'avait pas d'enfant, pas de femme dans sa vie et Priscilla était tout pour lui. Elle dormait avec lui, mangeait avec lui et était sa confidente. Il se dit qu'elle devait être morte de trouille. Pas croyant, il se mit pourtant à prier sainte Thérèse, la seule statuette dont il se souvenait dans le décor de son enfance, pour la supplier de lui rendre sa chienne. Et surtout, surtout, il espérait de tout son cœur qu'elle n'avait pas glissé dans les eaux sombres du lac.

Et si c'était une punition ? Certes, il avait contribué à faire disparaître des corps à cet endroit, mais n'y était pour rien dans leur mort. Les enterrer dans le sol et les engloutir, quelle différence ?

Il se calma un peu, se moucha et c'est alors qu'il aperçut un papier glissé sous son essuie-glace. Il le prit et le déplia. L'écriture était maladroite, presque enfantine, avec des lettres pointues et pleine de fautes d'orthographe : « Si tu veu revoir ton clébar vivant, laisse tombé cette afair, ca te regarde pas. Elle apartien aux gens d'ici et toi t'es un étranger. »

Elvis griffonna « D'accord » sur le papier et le jeta par terre, en espérant que l'auteur du message revienne sur les lieux.

Il attendit encore un moment, dans l'espoir fou de voir apparaître sa chienne. Mais non. L'avait-on vu jeter le corps de Mickey dans l'eau ? Dans ce cas, pourquoi le mot n'y faisait-il pas allusion, histoire de le faire chanter ? C'était peut-être pour l'étape suivante...

Il finit par reprendre la route en direction de chez lui. La bonne nouvelle était que Priscilla ne s'était pas noyée. Il espérait que la saloperie qui l'avait prise ne lui ferait pas de mal. Il n'avait jamais tué volontairement quelqu'un. Mais là, il en aurait été capable.

Finalement, quel mérite ont ceux qui n'ont jamais eu de sang sur les mains ? Ce n'est qu'une question de circonstances, de pas de chance, de mauvais choix... Pour ça qu'il ne croyait pas au paradis et à toutes ces fadaises religieuses. Par contre, il était persuadé qu'Elvis n'était pas mort et vivait sur une île avec Michael Jackson et quelques autres pétés de la zique. On a chacun nos paradoxes.

Fred Astaire faisait toujours des claquettes dans son estomac et cette fois, avec Cyd Charisse. Un groupe de Sénégalais jouait du tam-tam sur son cervelet. Un vrai bonheur ! Elvis roulait comme un zombie sur ce chemin bordé d'arbres qui avaient l'air de l'envelopper de leurs maigres bras noirs quand, soudain, il aperçut une silhouette à la robe bleue presque irréelle qui se promenait avec un lapin blanc en peluche qu'elle tenait par l'oreille. Elle avait de longs cheveux blonds, et se retourna au bruit du moteur. Elvis ralentit à sa hauteur et lui demanda ce qu'elle faisait sur la route à une heure aussi tardive.

— Je cherche des champignons pour mon lapin, répondit la jeune femme qui avait un air de petite fille.

— C'est dangereux de se promener seule si tard.
— Je ne suis pas seule. Je suis avec Gil, fit-elle en lui montrant son lapin.
— Vous venez d'où ?
— D'une vallée de larmes.
— Et vous allez ?
— Prendre le thé chez un poivrot romantique.
— Montez, je ne peux pas vous laisser toute seule. Il y a trop de dangers sur cette planète. Ne vous inquiétez pas, je ne suis pas méchant.
— Dommage. J'aime les mauvais garçons.
Elle grimpa quand même dans la voiture.
— Vous allez le retrouver, dit-elle d'une voix douce.
— Euh...
— Votre chien.
— Comment le savez-vous ?
— Dépêchez-vous ! Mon lapin a horreur d'être en retard. Allez fonce ! Fonce ! Fonce ! cria-t-elle soudain, en proie à une jubilation intense.
— Tu me fais penser à *Alice au pays des merveilles*...
— Ah bon ? Quelle drôle d'idée ! Je suis la fille cachée de Michou. C'est lui qui m'a offert ma robe bleue. Et mon lapin vient de Montmartre où je suis née. C'est un lapin agile. Tu ne dois pas avoir peur du temps qui passe.
— Comment sais-tu que c'est ce qui m'angoisse le plus ? s'étonna Elvis.
— Il faut suspendre son petit linge aux aiguilles de l'horloge pour ralentir le temps.
Elle ne répondait jamais aux questions. Ou alors il ne comprenait pas la réponse.
— Vieillir, c'est oublier les clefs des livres d'images, dit-elle encore.

Mais c'est aussi avoir peur de vivre et de lécher les petites cuillères remplies de mensonges.

Quand il la déposa chez son poivrot romantique, devant une petite maison presque en ruine, mais avec de la lumière à l'intérieur, il fut partagé entre l'envie de revoir cette fille si étrange et la peur qu'elle lui inspirait.

Et il céda à celle-ci.

Elvis reprit la route tout en regrettant soudain de ne pas lui avoir demandé son adresse. La peur... Cette hyène, pire que toutes les prisons du monde, qui nous empêche de nous envoler... Tant qu'on est capable de suivre une chimère, on ne vieillit pas. Il fit demi-tour mais ne retrouva pas la maison en ruine. Trop tard ! Et il se promit de ne plus jamais passer à côté d'une histoire singulière.

44

Mémé Cornemuse sentit une pointe s'enfoncer dans la chair flasque de son cou.

— Qu'est-ce que t'as fait de Mickey ? grogna Spéculoos.
— Qui ?
— Mon pote à qui t'as piqué le Perfecto. Y a son GSM qui a sonné quand je l'ai appelé et il s'en sépare jamais.
— J'lai trouvé par terre devant ma camionnette que j't'ai dit. T'as des frites dans les oreilles, ou quoi ?
— J'te crois pas.
— Alors, va demander à Minnie ! Ah ! Ah !
— Te fous pas de ma gueule, sinon j'te coupe la tête et j'couds celle d'une guenon à la place.
— Ainsi, ça te fera penser à ta mère, ricana Cornemuse.
— Traite pas ma mère ! cria-t-il en enfonçant encore un peu plus son couteau dans la gorge de la vieille.

Soudain, elle se retourna, saisit le poignet de Spéculoos qui lâcha le couteau. Il tomba dans l'évier. Elle en profita pour s'en emparer et le planter dans le bide de l'excité du bocal. Tourna un chouïa, histoire de le calmer. Mais bizarre ! Il se mit à gueuler comme un goret qu'on émascule.

Pfff... Quel douillet, ce mec !

— Ah ! Ah ! T'as les couilles qui tricotent, hein ? Allez, calmos, décréta la vieille. J'vais quand même pas zigouiller mon fournisseur !

Mais l'autre couinait toujours et pissait le sang.

— Allonge-toi sur le canapé, j'vais faire un peu de broderie.

Elle ouvrit l'armoire, en sortit une bouteille de vodka frelatée et une trousse de couture. Puis elle souleva le T-shirt de son patient qui pleurait après sa daronne, lui aspergea la bedaine avec un jet d'alcool et mit dix minutes à enfiler une aiguille à l'aide d'une loupe.

— Tu veux le point de croix ou le point de Boulogne ?

— Argnnn... fous pas tes sales pattes sur moi ! gémit Spéculoos qui se tordait de douleur et avait l'impression d'avoir le feu dans ses boyaux. Appelle un toubib !

— T'as raison, avec la beu dans mon camion, c'est une tof idée. Bon, annonça Cornemuse en brandissant son aiguille, puisque tu ne te décides pas pour le point, je vais choisir pour toi. Le point de plume. C'est çui qui sert à broder des silhouettes d'oiseaux et... des herbes ! C'est de circonstance.

Quand elle enfonça l'aiguille dans son nombril, Spéculoos poussa un cri strident, proche de celui du paon à l'agonie.

— Ta gueule, fit Cornemuse. Tu vas faire peur aux vioques du home. Quand t'as failli me percer les amygdales, j'ai pas moufté. Alors, fais pas ta chochotte, ou j'dis à tout le monde que t'es une tafiole.

Mémé Cornemuse kiffait les homos et les travelos. Mais elle savait que l'autre macho de Spéculoos en prendrait un coup si elle répandait cette rumeur. Et dans une petite ville comme Chimay, la bière moussait vite !

45

Quand il arriva à la maison où il séjournait, Elvis vit sa chienne assise sur le pas de la porte qui semblait l'attendre sagement. Il ne prit même pas la peine de fermer sa voiture à clef et fonça vers elle. Il l'enlaça et la couvrit de baisers, mais elle se mit à grogner ! Il la savait rancunière. Un caractère de cochon. Une nana, quoi ! Genre « t'as pas fait gaffe à moi, t'es pas un bon mémaître ». Et pour lui manifester son mécontentement, elle lâcha un pet sonore, comme chaque fois qu'elle était fâchée ou contrariée.

Quand ils furent dans la cuisine, il lui donna une couque[1], espérant l'amadouer. Mais elle se contenta de la manger puis lui tourna le dos et alla se coucher dans le fauteuil. Quelle tête de mule ! L'amour, ça doit s'entretenir comme une petite flamme, si on ne veut pas qu'elle s'éteigne. Bien souvent, dans le TGV du quotidien, on n'y pense plus et c'est quand on

---

1. Une couque, c'est genre une viennoiserie en France. Nous autres, on a par exemple des couques de Dinant. Un truc hyper dur, au goût d'anis, qui a dû être inventé par un dentiste pour augmenter le nombre de ses clients. Tu la jettes à la tête de ton agresseur et tu l'assommes ! Faut toujours avoir une couque de Dinant dans sa sacoche. Surtout de nos jours...

croit que tout roule que le train déraille. Toujours au moment où on s'y attend le moins ! Les femmes qu'on aime, il faut en prendre soin. Comme le Petit Prince avec sa rose. Et les roses doivent parfumer le jardin, lisser leurs pétales... Elvis avait lu dans *Le Langage des fleurs* que la rose avait reçu son parfum de Dionysos, le dieu du vin ! Elle reçut également la beauté, le charme et l'éclat. Puis, Zéphyr, le vent d'ouest, souffla pour éloigner les nuages et permettre à Apollon, dieu de la lumière, de la faire éclore. C'est pour toutes ces raisons que la rose fut surnommée la reine des fleurs. Mais c'est dans la mythologie romaine qu'on trouve l'origine des épines. Un jour, alors qu'il se promenait dans son jardin de roses, Cupidon fut piqué par une abeille. Fou de rage, il se mit à lancer des flèches dont les pointes tapissèrent les tiges de piquants.

Aux yeux d'Elvis Cadillac, l'histoire des roses résumait celle de toutes les femmes.

Sur cette belle image, il alla se coucher, et qui m'aime me suive. Tant pis si Priscilla boudait. Ça irait mieux demain, hop là ! Et il s'endormit comme un bébé.

Mais au milieu de la nuit, il fut réveillé par quelque chose de doux qui caressait son visage. Priscilla n'avait pas de longs poils... Il écarquilla les yeux et vit une longue chevelure flotter au-dessus de lui. Il n'y avait rien d'autre que des cheveux qui soudain s'enflammèrent sans le brûler. À la lueur des flammes, il distingua un doigt à l'ongle verni rouge, qui courait sur le mur et semblait écrire quelque chose. *Hell ? enfer... ou Help ?* Quelle différence ?

Il se redressa péniblement pour allumer la lumière. Le regard encore trouble, il vit le doigt tomber dans le vase posé sur la commode. La chevelure avait disparu. Il saisit le vase et le secoua. Vide.

Il repensa aux délires de la grand-mère de Lou qui l'avait vue au pied de son lit. *Sa chevelure s'est enflammée et elle m'appelait au secours...*

Rêve ou réalité, elle était venue vers lui cette nuit. Il ne pouvait pas la laisser tomber.

Il regarda Priscilla qui avait grimpé les escaliers pour le rejoindre. Sans doute avait-elle senti qu'il se passait quelque chose ? Ou peut-être avait-il crié dans son cauchemar ?

Sa décision était prise.

46

Spéculoos gisait sur le canapé de la vieille, les yeux mi-clos. Il tentait de récupérer après cette séance de couture plus que barbare. La reine du point de croix n'y était pas allée de main morte. Et pour supporter la douleur, il avait terminé la bouteille de vodka.

Elle parlait d'autant plus volontiers à son associé qu'il n'était pas en état de la contrarier.

— Je pourrais te rouler une pelle pour te ramener à la vie, mais t'es pas mon genre. Puis les baisers, c'est dangereux. Vaut mieux faire une pipe. Là au moins, y a pas de sentiments. C'est mécanique. J'veux plus tomber amoureuse. Sauf de JCVD. Lui, c'est quand y veut, où y veut. Pourtant, je sais que la réalité n'est jamais à la hauteur des rêves. Le mariage est un grand mensonge avec un ruban autour. À la fin, ou on se perd, ou on se retrouve tel qu'on était au départ, mais avec un sac à dos. D'une manière ou d'une autre, gamin, on est seul. Et si un jour t'as un chagrin d'amour, va voir une pute. Ces filles-là, elles savent te consoler comme personne. Mais n'oublie jamais une chose : c'est nous qui avons fait pousser la queue du diable et, après, on s'étonne qu'il a la langue fourchue et qu'il fout le feu chez nous...

Son monologue fut interrompu par un coup frappé à sa porte. Elle souleva le rideau qui occultait son unique fenêtre et vit Elvis. Mit un temps avant d'aller ouvrir. Elle lui en voulait d'avoir interrompu ses pensées.

— Qu'est-ce qu'il veut Eddy Mitchell ? grogna-t-elle.

— Visite de courtoisie.

— J'suis pas seule. Y a mon associé qu'est complètement schlass. À c't'âge-là, ça tient pas l'alcool. Tiens, il est où, ton clébard ?

— Je l'ai confié à mon ami Johnny Cadillac jusqu'à mon retour. Il est venu le chercher tantôt. Il habite pas loin. Il vit dans un chalet en pleine forêt avec sa femme.

— Ton clebs va la faire fuir ! décréta Cornemuse. C'est une cause de divorce... T'as prévenu ton pote que ton zinneke[1] pète et pue pire que la centrale de Tihange ?

— C'est pas un zinneke ! s'insurgea Elvis. C'est un carlin. D'ailleurs, il a son pedigree.

— Ouais, c'est comme pour la reine d'Angleterre. On sait que ce sont tous des dégénérés. Y a qu'à voir les oreilles de Charles. Elle l'a fait avec Pluto dans un aéroplane. Et pourquoi tu t'en es séparé ? J'pensais que vous ne vous quittiez jamais...

— Une ordure a kidnappé Priscilla pendant que je m'occupais de tes conneries au bord du lac... Ça te revient ?

— Non. Alzheimer.

— Bien sûr ! Quand ça t'arrange... Bref, j'ai eu un avertissement comme quoi si je ne laissais pas tomber l'affaire avec la petite Lou, ils tueraient Priscilla la prochaine fois.

---

1. Un zinneke, c'est un bâtard. Donc, si tu rencontres une caillera et que t'as envie de lui en balancer une, dis-lui que c'est un zinneke. Comprendra pas et ça t'évitera un bourre-pif.

— Mmm... C'était pas une sainte, la Lou ! J'ai appris qu'elle dealait de la beu.
— QUOI ? T'es sûre ?
— Affirmatif.
— Merde alors !
— Du coup tu changes d'avis et tu t'en fous de ce qu'il lui est arrivé ?
— Non. Je ne laisse pas tomber. Elle est venue me voir cette nuit.
— Ben tiens ! T'es un petit comique, toi, hein ? Tu sais ce qu'il dit Jean-Claude ? « Si tu attends le mois d'octobre pour faire des poissons d'avril, tu attrapes plus de gens... »

Elvis comprit qu'il ne fallait rien attendre d'elle. Il ne savait pas si le pire dans la vie était de manquer d'amour ou de complicité avec quelqu'un qui vous comprend. Sa chienne était sa lanterne de pèlerin. Elle éclairait son chemin, l'empêchait de déprimer. Sans elle il était perdu. Il se sentit soudain très seul. Mais Lou valait bien qu'on traverse la tempête pour la retrouver. Si toutefois elle était encore en vie.

47

Depuis qu'Elvis Presley l'avait appelé sur son GSM, Elvis Cadillac avait tenté de le rappeler, en vain. Même pas moyen de lui laisser un message, ça sonnait dans le vide. Son idole lui avait chanté une chanson qui se révélait être une clef pour l'aider à résoudre son enquête. Et il espérait que cette fois encore, il lui apporterait son aide divine. Va raconter cette histoire, toi, même à un ami, que « la fureur chantante », comme on le surnommait, t'a téléphoné en personne pour te fredonner un couplet. Camisole, fieu !

Et pourtant, Elvis n'avait pas eu la berlue ! Priscilla aussi l'avait entendu. Même qu'elle avait dressé les oreilles...

Il tenta de se souvenir comment c'était arrivé. Dans le brouillard le plus total, il avait pensé très très fort à lui et avait imploré son aide. Oui... Il fallait qu'il se concentre, et le King allait voler à son secours.

Il s'assit sur son lit et pria son dieu du rock. Mais n'entendit aucune sonnerie. Il devait être occupé. Aidait-il d'autres sosies ? Elvis Cadillac espérait être son préféré. Son chouchou.

Après avoir lissé sa banane avec son mélange habituel de brillantine et de bière, il s'apprêtait à répéter devant son miroir quand le téléphone sonna enfin ! Elvis se précipita. Et sursauta quand il entendit :

— Salut ma couille, ça gaze ?

Pas possible que le roi du rock lui cause de cette manière. Ou alors il avait sniffé des feuilles de palmier sur son île.

— Allô ? Tu me captes, valet ? Ou t'as la tête dans le cul ?

Elvis redescendit de son nuage. Il n'y avait que son pote Johnny Cadillac pour l'appeler ainsi.

— Ah c'est toi ! finit-il par articuler.

— Qui veux-tu que ce soit ? La reine Fabiola ?

— Euh, excuse-moi, j'étais dans le pâté.

— J'vois ça ! Dis, j'te sonne à propos de Priscilla.

— Elle va bien ? demanda Elvis, soudain inquiet.

— Oui, oui, pas de blème, valet. C'est juste que quand je regarde le foot à la télé, ta chienne lâche des caisses.

— Normal, elle aime pas le sport.

— Ah bon ?

— Une fois, j'ai essayé de jouer à la baballe avec elle et elle m'a regardé comme si j'étais un demeuré.

— Ah ! Ah ! Oufti ! Une vraie nana, quoi ! Dis, quand tu viendras la chercher on fera un barbec et on boira one boune crasse pinte et tchic et tchac, hein, valet ! Qué guindaille ti[1] !

— Non peut-être !

— Oui, sûrement, fit Johnny avant de raccrocher.

Elvis était content d'avoir entendu son ami, mais un peu déçu que ce ne soit pas le King.

---

1. On boira one boune crasse pinte et tchic et tchac ! Qué guindaille ti ! : on va s'enfiler une bonne grosse pinte, etc. Quelle fiesta, toi ! En Belgique, on est tous des Brueigheliens, que veux-tu !

Il alla se préparer une jatte de café quand le téléphone sonna de nouveau. Johnny avait-il oublié de lui demander quelque chose ?

Et c'est alors qu'il entendit :

> *Let's rock, everybody, let's rock*
> *Everybody in the whole cell block*
> *Was dancin' to the Jailhouse Rock...*

Elvis Cadillac dut s'asseoir tant il était ému. Le King avait entendu ses prières et l'avait appelé en personne ! Quel honneur, dis !

Une fois calmé, il se mit à réfléchir au sens des paroles choisies dans « Jailhouse Rock ». *Tout le monde dans le bloc de cellules entières...*

Quel message le King avait-il voulu lui faire passer ? Lou était-elle prisonnière quelque part ? Ou si elle était morte, devait-il trouver le coupable afin de libérer son âme ?

Il décida de retourner au bistrot. Tout était parti de là. Et il n'avait encore jamais été visiter l'appartement de la vieille qui était resté inoccupé depuis son départ. Sans doute espérait-elle y revenir ? Mais une fois qu'on est dans un home, on n'en sort plus jamais.

Elvis préférait finir sa vie sous les ponts, plutôt que d'aller dans ces mouroirs où on fait de vous des zombies à coups de médocs. Depuis tout petit, il avait décidé que rien ni personne ne lui dicterait sa vie. C'est pour cette raison que, malgré tout, il aimait bien cette vieille bique de mémé Cornemuse. Ils avaient en commun leur sacro-sainte liberté. Et aussi un goût pour les choses piquantes de la vie.

48

Elvis était passé boire une chimay au bistrot, puis il avait prétexté d'aller aux toilettes pour faire des repérages dans la cour où se trouvait l'appartement de la vieille. Vu les rideaux dégueulasses et les toiles d'araignées aux fenêtres, il semblait que personne n'avait pénétré dans ces lieux depuis son départ pour le home. Il avait machinalement tenté d'ouvrir la porte, mais elle était fermée à clef. Et il s'était promis de revenir cette nuit. En cassant un carreau, il devrait pouvoir entrer.

Il eut la désagréable impression que les habituels clients du bistrot le dévisageaient, comme s'ils se méfiaient de « cet étranger » venu fourrer son nez dans leurs affaires. Cette fois, personne ne lui proposa un verre. Le boucher et le garagiste causaient entre eux et lui tournaient le dos. Pareil à lui-même, depuis son poste d'observation – le coin du comptoir –, l'autiste scrutait la scène, tel un rapace prêt à plonger sur sa proie. Le capitaine, surnommé ainsi à cause de sa casquette, lisait son journal à sa table habituelle, dans le fond du bar. À croire qu'il l'avait achetée comme on achète une concession à perpète au cimetière. Quant au patron, il était très concentré sur sa tâche qui consistait à essuyer les verres avec minutie, comme si sa vie en dépendait. Il frottait puis regardait le verre dans la lumière afin de vérifier qu'il n'y avait pas de trace, puis se remettait à frotter et vérifiait à nouveau. Auparavant, Elvis n'avait pas remarqué une telle maniaquerie. Bizarre...

Il vida son verre, paya et s'en alla sans dire au revoir à personne. L'époque où il était poli, même avec les cons, était révolue. Avec le temps, on apprend à ne plus faire de courbettes à ceux qui ont la raie du cul à la place du sourire.

Il attendit la nuit pour retourner dans la cour du bistrot. Le mur n'était pas trop haut et il n'eut pas de mal à l'escalader. Grâce à ses déhanchements sur scène, il était encore souple. Plutôt que de casser un carreau, il avait opté pour une solution plus discrète et avait amené un pied-de-biche afin de forcer la serrure de la porte. Vu l'état branlant, la tâche ne fut pas difficile et il pénétra dans l'antre de la sorcière...

Ce qu'il découvrit à la lueur de sa lampe de poche dépassait tout entendement ! Le sol de la cuisine était jonché de détritus, de bibelots, de revues, d'objets hétéroclites, de bouteilles vides, de fruits pourris (Amélie Nothomb, amène ton panier pique-nique !) et... d'excréments séchés. On pouvait à peine se frayer un passage dans ce tas d'ordures. Pièce suivante, même désolation ! Comment pouvait-il dénicher le moindre indice concernant Lou dans cette poubelle géante ? Mais puisqu'il était là, Elvis décida de vaincre sa répulsion et se boucha le nez pour grimper à l'étage où il espérait trouver moins de merdes. Hé, non ! C'était pareil. Comment elle avait fait la vieille peau pour vivre dans ce tas d'ordures ?

Il avait entendu parler de ces gens qui ont ce qu'on nomme le syndrome de Diogène et se terrent dans leur appartement parmi les détritus qu'ils amassent de manière compulsive et maladive. Ils restent dans une odeur pestilentielle et n'ont plus d'hygiène corporelle ni domestique. Ils dorment au milieu de leurs immondices, avec les bestioles et les insectes. Impensable ! Et pourtant ça existe. Ces « entasseurs » vivent reclus pour la plupart. La vieille n'était pas tout à fait conforme à ce schéma puisqu'elle passait ses journées, assise dans son bar, sûrement pour surveiller son fils. Mais la nuit, elle regagnait son taudis. Elvis se souvenait que le nom de ce syndrome avait été donné par des gériatres anglais, Clark et Mankikar, parce que Diogène habitait dans un tonneau et méprisait les humains. Il fallait y aller mollo avec ces « mendiants thésauriseurs » car, si une équipe d'hygiène débarquait, ils pouvaient refuser de réintégrer leur logement après. Il avait lu que derrière ces signes se cachaient des maladies, des dépressions ou des addictions, parfois même Alzheimer.

La mère de Marc était un peu sénile certes, mais par moments, elle savait encore très bien ce qu'elle disait. Il se remémora l'instant où elle avait trituré les bords de sa robe et où il avait constaté qu'elle planquait un tas de choses dessous...

Découragé par l'indescriptible bordel, il allait redescendre quand son regard fut soudain attiré par un sac à dos planqué sous le lit sur lequel était amoncelé un tas d'ordures, à croire qu'elle y avait vidé toutes ses poubelles depuis des années et entassé tous les vêtements par-dessus.

Il prit le sac et décida d'examiner son contenu chez lui. Il fallait qu'il sorte au plus vite de cet enfer.

Au moment où il descendit les escaliers, veillant à ne pas glisser sur des aliments en décomposition, il entendit un bruit suivi d'un sifflement. Elvis se figea. Quelqu'un était-il entré en ayant vu de la lumière à l'intérieur ? Il ne se souvenait plus si le patron du bistrot logeait au-dessus du café ou ailleurs. Le bruit s'intensifia, se rapprocha, et le cœur d'Elvis cognait dans sa poitrine. De grosses gouttes de sueur perlaient sur son front. Glissaient le long de son cou...

Il descendit doucement les quelques marches pour arriver en bas, quand il vit deux billes noires qui le fixaient comme les bonbons de Satan.

Un énorme rat l'attendait, debout sur la dernière marche.

49

C'est qui ce zivereir[1] *avec sa crotte de bique sur le crâne ? Qu'est-ce qu'il vient faire in my kingdom, ce con ? J'espère qu'il a rien dérangé,* kssss... *Parce que ça perturberait mes petits. On était peinards ici depuis que la vieille s'est barrée. Remarque que je l'aimais bien, cette saloperie. C'est grâce à elle qu'on a de la bouffe pour le restant de nos jours. Je le fixe comme les serpents depuis quelques secondes et ça le paralyse,* kssss... *Il a les chocottes, je l'sens. P't-être même qu'il va faire dans sa culotte piquée à Cloclo. Qué ringard ! En plus on dirait qu'il a de l'eau dans ses caves. Y en a, j'te jure !* Snif, snif... *Mais il sent bon, ce guignol ! Hé, t'as mis du Pouss mousse[2] ? Je vais lui montrer mes dents et faire un petit sifflement, qu'il sache que j'rigole pas,* kssss... *Un pas, et je lui saute à la gueule*

---

1. Un zivereir en bruxellois, c'est un imbécile, mais aussi un qui sait pas aligner deux mots sans bafouiller (souvent parce qu'il a quelques trappistes dans le nez). Par exemple, il a du mal à prononcer : « Six cent six Suisses sucèrent six cent six saucissons sans sauce. » Tu me diras qu'on s'en fout et que t'en as pas besoin pour devenir Premier ministre.
2. C'est pas de moi. C'est de mon ami humoriste belge Richard Ruben. Enfin presque, parce qu'il a été conçu dans les pyramides, puis abandonné dans un moïse qui a échoué sur le canal de Willebroek. Et on s'est connus dans une des boules de l'Atomium, notre tour Eiffel à nous.

à ce trouduc. Hé, mais il a quoi, dans les pattes ? Il a piqué un truc. On dirait... Mais nooon ! Il a chouravé ma maison, avec mes petits planqués bien au chaud à l'intérieur ! Assassin ! Et comme d'hab, mon mec n'est pas là. Sûrement encore en train de bricoler dans la cave, kssss... Je vais me concentrer et l'appeler mentalement. Des fois, ça marche. Hectoooor ! Help ! Y a un crétin qui se barre avec la familia ! Hé, biquet, you listen to me ? Moi, j'suis née à Molenbeek, mais mon mari est anglais. Il vient de Liverpool. Il a débarqué un jour d'un bateau et comme je tapinais sur les quais à Anvers, on s'est rencontrés. Puis on a eu envie d'un petit voyage de noces et on a grimpé dans un camion. C'est ainsi qu'on s'est retrouvés dans ce bled qui sent la bière. Cette maison schlinguait plus que les autres. On a tout de suite su qu'on y trouverait notre bonheur. Au début, on se faisait discrets. On connaît les humains. Ils ne cherchent pas à nous comprendre. Ils nous écrasent sans aucun état d'âme et oublient qu'on est des êtres vivants comme eux. Déjà qu'entre eux y cherchent pas non plus à se comprendre et qu'ils s'entre-tuent pour des conneries, kssss... Paraît que maintenant ils foutent des bombes partout parce qu'ils n'admettent pas que les autres pensent pas pareil. Bonjour la tolérance ! Ils en font, des dégâts, au nom de Dieu ! Moi, j'y crois pas à c'gars-là. S'il existait, il renverrait son gamin pour leur remettre les idées en place, à ces fêlés.

Hectooor ! En plus il est sourd d'une oreille, tu parles d'une occase ! Mais bon, c'est quand même le meilleur poilu que j'aie rencontré dans ma life. Je vais pousser un cri strident et il va bien finir par m'entendre, ce stoemenboer. Et ça va lui crever les tympans à l'autre tarlouze avec ses paillettes. HIIIIIIIIIII !

Merde ! Il dévale les escaliers ! J'peux pas le laisser se barrer avec mes mômes. Tant pis, j'lui saute sur le bide et j'vais m'accrocher à sa ceinture, puis niaquer ses breloques, kssss...

Un cri strident retentit dans toute la baraque. Elvis lâcha le sac à dos qui roula au bas des escaliers et laissa s'échapper une nichée de ratons.

Plié en deux par la douleur, il saisit le sac et sortit de ce cauchemar.

50

Mémé Cornemuse avait filé un petit coup de Pèket à Spéculoos pour qu'il revienne parmi les vivants. Remède miracle, si on part du principe qu'il faut guérir le mal par le mal.

— J'parie que tu sais où est Mickey, articula-t-il, la bouche pâteuse.

— Dis, gamin, tu vas me lâcher avec ton échappé d'Euro Disney parce que ça commence à me gonfler grave. T'ai dit que j'en savais rien et maintenant, tu la fermes.

— C'est toi qui as piqué le pognon de la star de mes deux ? Quand on est arrivés, le coffre était vide.

— Et pourquoi ce serait moi, ma couille ?

— Parce que tu suces les vieux du home et, en échange, ils te font des confidences. Tu crois que j'ai pas vu ton manège ?

— Moi ? J'suis une sainte. Je ferais jamais une chose pareille à la famille d'un petit vieux qui attend depuis des années qu'il crève pour toucher son pognon. T'imagines l'angoisse, dis ? Tous les soirs ils se couchent en priant la Vierge pour qu'elle rappelle tonton dans ses nuages, parce qu'ils l'aiment tellement qu'ils ne veulent pas qu'il souffre et qu'il se voie se dégrader, perdre ses dents, ses cheveux, et pleure sur sa bite qui ressemble à une quenelle de brochet avariée... Le matin, tous leurs espoirs sont foutus : le canard est toujours vivant ! Sérieux, faut être sans cœur pour priver ces braves gens de leur héritage.

Spéculoos se demandait si elle était sérieuse ou si elle se fichait de sa gueule. Avec elle, difficile de savoir. N'empêche qu'il avait eu le temps de réfléchir et il ne voyait qu'elle pour les avoir doublés.

— À moi de te poser des questions, fit Cornemuse. Qui c'est qui vous a rencardés sur la fortune de Joël Bermude ?

— Lou.

— Comment elle savait qu'il planquait du pognon dans un coffre ?

— Et toi, comment tu sais que c'était dans un coffre, hein ?

— Où tu veux qu'il planque ça ? Dans son frigo ?

— Ouais... Elle le connaissait. J'pense qu'ils ont couché ensemble. Pouah ! Rien qu'à l'idée de la voir entre les pattes de ce vieux débris... j'ai envie de dégueuler.

— Faut pas se fier aux apparences. Il avait encore de beaux restes, lui assura la vieille.

— T'as l'air au courant...

— C'est pas parce que je lui faisais des petites gâteries que j'ai piqué son flouse. J'suis pas vénale. Donc, si j'comprends bien, c'est cette salope de Lou qui est à l'origine de tout ce bazar ?

— C'est pas une salope. Elle était un peu perdue. C'est tout. Mais qu'est-ce qu'elle était bandante ! se souvint Spéculoos, les yeux brillants.

— Ah ! Toi aussi t'as craqué pour elle ?

Il ne répondit pas. Ferma les yeux et se remémora ces instants de grâce, les seuls où quelqu'un lui avait fait rêver sa vie au lieu de la subir. Cette fille était vénéneuse, il l'avait senti tout de suite, mais elle l'avait envoûté, comme tous ceux qui croisaient son chemin. Il avait envie d'une crème à la glace, mais y en avait pas et il reprit un coup de Pèket, pour oublier cet instant horrible où il avait surpris son connard de beau-frère en train de se faire sucer par elle dans la cave. C'est alors que le diable s'était réveillé en lui.

51

Malgré l'odeur pestilentielle que dégageait le sac à dos de Lou, Elvis en examina tout le contenu. Rien d'intéressant, que des bricoles rongées par les ratons qui prirent la poudre d'escampette, sauf un carnet intitulé *Mon journal* qui, miraculeusement, était encore en plus ou moins bon état, malgré quelques pages arrachées.

Elvis balança le sac à dos dans la poubelle et posa le précieux cahier sur la table. Il espérait découvrir quelques clefs qui lui permettraient de comprendre ce qui était arrivé à Lou. Il n'avait vu qu'une photo d'elle et pourtant son image le hantait. Cette fille avait quelque chose de sensuel, d'envoûtant, mais aussi de dangereux. Et c'est ce qui la rendait attirante...

Le journal était une succession de pensées qui devaient refléter son humeur du moment. Des éclats d'amertume, jetés çà et là, pour tenter sans doute de ne pas perdre son chemin. Ou au contraire, de s'égarer pour mieux comprendre qui elle était ? Une petite fille perdue au milieu d'une vie qui séchait sur un fil trop grand.

La vie ne tient qu'à un fil ! Je sais ! Je n'arrête pas de coudre mes souvenirs pour rassembler mes idées afin de comprendre le présent.

Toute souffrance est dit-on un cadeau des dieux, une épreuve à passer pour aller vers la connaissance de soi et des autres. Et cette épreuve sera d'autant plus intéressante qu'on est fragile.

Je voudrais palper les odeurs, mordre les mots, écouter les images, épier la musique et toucher l'impossible. Je voudrais inventer des parfums qui racontent, des lumières qui s'alanguissent, des paysages aux gorges pleines du miel bleu des rêves. Et retrouver mon vrai père...

Ma vie est comme une commotion cérébrale, un choc où les périodes d'oubli et d'inconscience sont la porte ouverte à toutes les possibilités. Puis les souvenirs reviennent petit à petit me piquer la mémoire. Mon père est un artiste. Il m'a abandonnée quand je n'étais qu'une plume d'ange. Est-ce pour cela que j'ai le diable au corps ?

J'adore Le Maître d'école *de Magritte. Homme vu de dos, portant chapeau boule et manteau sombre, avançant dans la nuit vers un paysage d'ombres. Au-dessus de lui, un croissant de lune pâle. Je l'adore parce qu'il ne se retourne jamais et garde intact tout son mystère. C'est lui que je cherche en chaque homme que je rencontre. Je tomberai amoureuse le jour où l'un d'eux me résistera.*

Je suis comme cette silhouette sombre de Spilliaert, une femme vue de dos, face à la mer. J'attends, les mains posées sur une barre qui ne tient nulle part.

Il y a des souvenirs qu'il faut arracher afin qu'ils n'assombrissent pas le présent. Mais si on les arrache d'un coup sec, les racines risquent de venir hanter la mémoire d'une manière lancinante. Parce que si on ne cherche pas à comprendre ce qu'on a vécu et pourquoi on l'a vécu, le passé devient un cancer.

Je marche, trébuche, tombe, mais ne me fais pas mal. Pourtant je pleure. Mes larmes ne sont pas de maintenant. Ce sont celles de ma mémoire. Celles d'une enfant abandonnée. Une petite écorchure, et la grande blessure s'ouvre, se remet à saigner. Mon beau-père a déchiqueté les étoiles cachées dans ma robe rose. J'espère en retrouver une, un jour, dans les yeux de l'enfant que je porte.

Combien sont-ils à avoir tissé leur toile autour de moi ? Cette même toile qui m'a menée inexorablement là où m'attend l'araignée ?

Je voudrais trouver la paix, marcher pieds nus sur une grande plage lisse, sans penser à autre chose qu'à ce bonheur pur d'être en vie.

Un jour, j'apprendrai à mourir de rire. Je claquerai la porte au nez des angoisses, chausserai mes petites bottines rouges et m'en irai bien loin de ma mémoire pour retrouver l'odeur des jardins remplis d'herbes folles. Un jour, j'oublierai les poupées éventrées, les livres déchirés et les oiseaux aux ailes déchiquetées. L'aigle noir que fut cet homme qui vécut avec ma mère. Cet homme qui n'était pas mon vrai père. Elle savait et n'a rien dit. Je n'ai pas pleuré le jour de son enterrement. Quelqu'un m'a dit : la mort gomme les nuages sombres. Rappelle-toi seulement des belles choses... C'était ta maman, quels que soient tes reproches à son égard, tu dois lui pardonner.

Pourquoi ?

Il faut se méfier des souvenirs. Ce sont souvent des menteurs qui se parent de vernis pour cacher les verrues.

En me donnant à tous les hommes que je rencontre, je me venge de cette ordure qui m'a violée quand j'étais petite. Je n'ai pas beaucoup grandi.

L'enfant que je porte est de Marc. Je le sens. Lui non plus n'a pas connu son père. Sa salope de mère n'a jamais voulu lui dire qui c'était.

Moi, au moins, j'ai retrouvé le mien. Il croupit dans un home. Il a sacrifié sa vie affective pour la gloire. Il m'a sacri-

fiée, moi, pour des paillettes dérisoires. Aujourd'hui, tout le monde s'en fout. Ce n'est qu'un petit vieux salué qui attend au bord d'une tombe remplie de larmes. Les miennes. Je vais enfin pouvoir me venger.

Un soir, je suis partie sans me retourner, n'emportant avec moi que l'ombre de moi-même pour me rappeler avoir cru au soleil.

La suite était une série de croquis. Elvis reconnut la tête de Joël Bermude. Il y avait aussi celle de Marc, enfermé dans une cage. Tous ces personnages étaient sans corps. Les têtes étaient parfois attachées à un fil et volaient dans les nuages. Celle de la vieille sorcière cuisait dans un chaudron entouré de flammes qui lui brûlaient les yeux. Avait-elle vu des choses qu'elle n'aurait pas dû voir ?

Et à la dernière page, un dessin plus curieux que les autres. Deux personnes assises sur un tabouret, devant un comptoir. Elvis reconnut l'autiste – ou le sourd-muet ? – à ses bottines de montagnard. Et, à côté de lui, Lou avec sa longue chevelure rousse. Les deux visages étaient cachés par un foulard, comme dans le tableau *Les Amants* de Magritte.

Elvis referma le journal. Il avait au bord des lèvres le goût salé du chagrin de Lou.

52

Le lendemain, Elvis Cadillac alla voir l'autiste. Pas difficile de trouver où il créchait. Ici, il suffisait de demander et tout le monde savait tout sur les autres.

Le gaillard vivait dans une petite maison coincée entre deux autres, pareilles à la sienne, à part les rideaux rouges aux fenêtres. Elvis l'aurait plutôt imaginé dans un univers neutre, pensant que les gens qui ne parlent pas ne cherchent surtout pas à se faire remarquer.

Il sonna à la porte. Et se rendit soudain compte de l'absurdité de son geste. Cet homme était peut-être sourd. Mais bientôt, il entendit des pas dans le couloir et la porte s'ouvrit. Le mec avait l'air surpris. Méfiant, il ne l'invita pas à entrer, jusqu'au moment où Elvis exhiba le journal de Lou avec le dessin.

— Puisque vous avez l'air d'entendre, j'aimerais bien avoir une explication...

Le muet - c'est ainsi qu'on l'appelait au bistrot - lui fit signe d'entrer, non sans avoir regardé si personne ne les avait vus.

L'intérieur était criard. Un divan vert parsemé de coussins colorés, probablement crochetés par sa mère, trônait au milieu d'une pièce remplie d'objets fabriqués avec des boîtes d'allumettes. Son passe-temps ? Tout sauf un intérieur neutre, comme l'avait supposé Elvis.

Il n'y alla pas par quatre chemins.

— Je cherche à savoir ce qui est arrivé à Lou.

Le muet prit un carnet et nota : « Je sais pas. »

— Pourquoi vous a-t-elle dessiné avec un foulard qui voile votre visage et le sien ? Vous étiez amants ?

Il griffonna : « Je l'aimais. »

— Apparemment, vous étiez nombreux ici à être amoureux d'elle !

« Elle m'aimait aussi. »

C'était ce qu'elle devait faire gober à tout le monde, y compris à Marc. Mais Elvis ne lui fit pas la remarque. Faut pas casser les rêves des autres, même si ce sont des mensonges.

— Alors, si vous l'aimiez, vous avez sûrement envie de savoir ce qui lui est arrivé, non ?

Le muet hocha tristement la tête.

— Aidez-moi en m'écrivant ce que vous savez, et je vous promets de la retrouver. Vivante ou... morte. Mais vous saurez ce qui lui est arrivé.

Il griffonna : « Promettez-moi de ne rien dire à la police... »

Elvis jura que tout ce qui se passait ici resterait entre ces quatre murs.

Le muet respira profondément et se mit à écrire une tartine qu'il tendit à Elvis.

« Lou est venue ici pour retrouver son père. La vieille a fouillé dans son sac et a découvert son journal intime. C'était l'acteur Joël Bermude. Il l'avait abandonnée quand elle était petite. Puis elle a eu une aventure avec Marc et elle est tombée enceinte. Enfin, elle a dit que l'enfant était de lui... Quand la vieille l'a su, elle a piqué un coup de colère et m'a payé pour la débarrasser de Lou. Elle ne voulait pas que son fils l'épouse... Parce qu'ils sont demi-frère et sœur. La vieille m'a dit que Joël Bermude était aussi le père de Marc. Mais il l'a jamais su. Elle voulait que je la tue. J'ai pas eu le courage. J'ai pris le pognon et dit que je l'avais fait. Puis je l'ai cachée dans ma cave, je voulais la protéger. Et attendre que le temps passe. Après, je l'aurais relâchée. Mais elle a réussi à tromper ma vigilance et m'a assommé. Elle s'est enfuie... Je vous en supplie, retrouvez-la. »

Après avoir lu son mot, Elvis le fixa. Qui était ce type qui avait accepté un contrat pour tuer cette fille et qui, en plus, l'avait séquestrée dans sa cave ? Avait-il vraiment voulu la protéger ou avait-il profité d'elle ? Peut-être torturée ? Il ne faut se fier à personne. Et surtout pas aux gens qui se taisent.

S'il la retrouvait, Elvis se garderait bien de lui dire. Mais était-elle encore vivante ?

53

Après s'être enfuie, Lou était-elle allée se cacher chez Marc ou alors partie bien loin de tout ce merdier ? Elvis en était revenu de la vision carte postale des villages et des petites villes tranquilles où toute médisance se répandait comme une traînée de poudre. Il préférait les grandes villes où on a autre chose à foutre que de vous juger. Puis il détestait les mouroirs, villes de province en robes fanées des dimanches qui sentent la naphtaline et l'ennui, villages cimetières sans un chat pour pisser sur vos tombes, où chaque maison rappelle un mort.

Il se rendit donc chez Marc, seule piste possible à ses yeux, pour tenter de retrouver Lou. Certes, il aurait pu se contenter de ne pas chercher plus loin et de se dire que la jeune femme était libre quelque part, sous le soleil, même de Satan, peu importe, mais LIBRE. Cependant il avait besoin de savoir.

L'idée de retourner chez Marc lui était à la fois plaisante, parce qu'il adorait l'art brut, et le mettait mal à l'aise aussi. Cet artiste – parce que c'en était un – avait trop de zones d'ombre et de petits fantômes sous le pinceau.

Il se remémora cette pensée lue dans son livre de référence sur l'art brut[1] :

« Magma indifférencié, univers d'images indéterminées, enchevêtrées, où la limite est floue entre l'intérieur et l'extérieur. De nombreuses œuvres d'art brut contiennent des formes qui peinent à naître, émergent confusément. À leur contact, on se sent comme englouti dans des sables mouvants : on y perçoit la genèse de toute vie, mais aussi une présence menaçante souterraine, prête à nous anéantir. C'est là que commence notre parcours, notre voyage. »

Pour Elvis, l'art brut est le seul qui nous amène au bord de l'abîme, dans nos recoins les plus inavoués, jusqu'au vertige. Le seul qui nous remet en question et nous montre l'envers du miroir. Parce qu'il est autodidacte et ne subit aucune influence scolaire. D'ailleurs Elvis Presley aussi était autodidacte, comme beaucoup de grands artistes. Il ne connaissait pas le solfège ! On l'appelait « le farceur chantant »...

L'art brut puise ses racines dans l'enfance. Et n'est pas guidé par le désir de plaire ou l'appât du gain. C'est un art tourmenté et pur. Un art de recréer un monde différent de celui dans lequel on vit, même s'il est animé par des obsessions semblables aux nôtres : l'amour, la mort, Dieu, ou ce qu'il en reste. Une façon de jouer avec une poupée disloquée et de la réparer, avec les bras à la place des jambes. Peu importe, d'une manière ou d'une autre, elle marchera. N'est-ce pas la préoccupation de tout vrai artiste, que de ne pas se plagier ou entrer dans un moule parce que « ça marche » ? Y a-t-il de pire prison que celle où on s'enferme

---

1. Extrait de *L'Art brut*, de Bruno Decharme et Barbara Safarova, Flammarion.

pour plaire au public ou gagner de l'argent ? La plupart du temps, les artistes se flinguent eux-mêmes, parce qu'ils font trop de compromis. Et ceux qui n'en font pas crèvent souvent de faim. Pas d'issue. Il se remémora les propos de Bruno Decharme, cinéaste et collectionneur d'art brut, pour lequel il avait une grande admiration :

« La liberté définit plus l'art brut que la folie. La liberté est la condition de naissance d'une œuvre. Et les œuvres les plus intéressantes sont celles d'où émane une spiritualité intérieure... L'art brut touche le plus profond de notre être et de notre structure mentale. Le monde de ces artistes est plus mystique que croyant. C'est le lien entre la difficulté de vivre et l'espoir d'un monde meilleur. Il n'y a là aucune préméditation. On n'a pas les clefs. On est perdus, déboussolés. »

Elvis adhérait complètement à ces idées et il pensait que, pour être libre, il fallait être détaché de l'opinion des autres. Ne se soucier que du plaisir que procure l'art. Une forme d'onanisme...

Mais n'est-ce pas le cas pour toute forme d'art ?

Marc avait le regard allumé et fiévreux. Elvis l'avait-il dérangé en pleine création ? Mais il n'eut aucun scrupule. Avec les artistes, c'est jamais le bon moment. Il faut les choper à cette infime seconde où ils ne sont pas tenaillés par leurs angoisses. Ou pendus à leur GSM, comme la plupart des acteurs pour qui l'agent a remplacé le Bon Dieu.

L'antre de Marc était sens dessus dessous. On aurait dit qu'il s'était battu. Sans doute contre ses propres démons.

Elvis n'avait pas envie de tourner autour du pot.

— Je suis venu pour savoir si vous aviez des nouvelles de Lou. Je sais qu'elle s'est échappée de la cave du muet qui l'avait séquestrée, au lieu de la tuer comme le lui avait ordonné votre mère...

Il attendit un moment pour voir la réaction de Marc, qui resta impassible. Signe qu'il savait et ne découvrait pas cette affreuse nouvelle.

— Alors, en toute logique, je me suis dit qu'elle avait dû venir se réfugier chez vous. Une femme qui porte un enfant revient toujours vers le père, non ?

— Elle va bien, se contenta de répondre Marc.

— Donc, elle est revenue vers vous...

— Oui.

— Et elle est où ?

— Là, avec le bébé, fit-il en montrant un tableau avec un rond en Plexi au milieu, contenant des cendres et entouré de chiffres minuscules, pareils à des mouches qui bourdonnaient autour[1].

— Ce sont les cendres du bébé ?

— Oui. Elle l'a perdu et m'a donné le fœtus. Elle voulait que je l'enterre et que je lui fasse une petite tombe. Mais je l'ai brûlé et je l'ai mis au centre du cosmos.

Le résultat était étonnant. On aurait dit un tableau abstrait en plein mouvement. Elvis trouvait que toute œuvre d'art ne traversait le temps que si elle suggérait un mouvement, une ouverture à l'imaginaire, un souffle divin. Cézanne, Van Gogh[2], Spilliaert, Matisse, Egon Schiele étaient entre autres des peintres qui insufflaient la vie. Il en était de même pour l'écriture ou la musique.

---

1. Inspiré de Luboš Plný, qui a incrusté les cendres de sa mère et de son père au milieu de ses tableaux et les a entourés des dates qui ont marqué leur vie.

2. Van Gogh s'est coupé l'oreille et l'a offerte à une prostituée dans un bordel. Belle offrande, non ?

— Que signifient ces dates autour ? demanda Elvis.

— Ce sont les jours depuis sa naissance. Le dernier est en rouge parce que c'est celui de sa mort.

— Et Lou ? Où est-elle ?

Marc ne répondit pas et descendit à la cave. En proie à une peur soudaine, Elvis hésita à le suivre. Il pouvait encore fuir. Mais alors, il ne saurait jamais ce qui était arrivé à la jeune femme. La curiosité prit le pas sur la peur. Et il descendit aux enfers.

54

L'endroit était lugubre et romantique. Un décor qui faisait penser à ceux de Tim Burton. Au milieu de la cave trônait une grande table ovale en bois sur laquelle reposait un candélabre avec des bougies blanches allumées dont la cire formait de grosses larmes. Posée sur l'unique chaise, une robe de mariée lacérée, trouée au niveau du ventre. Mais point de trace du cadavre de Lou.

— Vous lui en voulez beaucoup, constata Elvis.
— Non, répondit Marc. Et je ne l'ai pas tuée. Elle est partie...
— Ça me paraît difficile à croire.
— Je préfère qu'elle reste un fantasme. Au moins, je ne serai jamais déçu. Aucune histoire d'amour ne résiste au temps. Les gens changent. La pendule finit toujours par enfoncer ses aiguilles dans le cœur. Et par se moquer de la beauté.
— Vous auriez pu tuer Lou pour qu'elle reste belle et ne vous déçoive jamais, hasarda Elvis.

Marc lui lança un regard sombre et se mit à se gratter frénétiquement, comme s'il était attaqué par une nuée de mouches. Il était pris de tics quand il était contrarié et, visiblement, il détestait qu'on mette sa parole en doute. Mais disait-il la vérité ? Elvis ne se sentait pas rassuré. Fallait pas qu'il le provoque trop. Seul avec cet homme un peu déglingué dans une cave où il aurait beau crier, personne ne l'entendrait, il était préférable qu'il ne l'énerve pas. Dieu seul savait de quoi il pouvait être capable.

Puis il remarqua un curieux portrait de femme qui ressemblait très fort à Lou, sans vraiment être elle. Il s'en approcha et l'observa. Le regard était le même et elle avait une longue chevelure rousse, mais la bouche était légèrement différente, moins charnue. Et il y avait un petit je-ne-sais-quoi de craintif qui n'émanait pas des photos de Lou. Il fut surpris de lire la date : 1973.

— Un jour, raconta Marc, j'ai fait un rêve étrange. Une très belle femme avait les pieds enracinés dans la terre. Elle me fixait intensément. Et quand je me suis approché d'elle pour la toucher, sa chevelure m'a enlacé et j'ai ressenti une immense douceur. Je l'avais trouvée tellement belle que toutes les nuits, avant de m'endormir, je pensais à elle, me remémorant chaque détail de son visage, de son corps drapé dans une robe de dentelle blanche. Et chaque nuit, elle revenait dans mes rêves. Jusqu'au jour où je l'ai rencontrée pour de vrai. C'était Lou.

— C'est une belle histoire, admit Elvis. Mais vous ne savez pas ce qu'elle est devenue ?

— Je ne sais que ce que me murmurent les ténèbres. « Demain, peut-être, le vent cessera de souffler... »[1]

---

1. Dager était un homme de ménage qui menait une petite vie tranquille. Personne ne soupçonnait l'œuvre monumentale qu'il a laissée dans sa chambre ! Chaque fois qu'il sortait de la messe et qu'on lui demandait comment il allait, il répondait : « Demain peut-être, le vent cessera de souffler. » Il est aujourd'hui un des artistes les plus connus et ⁻lus cotés dans le monde de l'art brut.

Elvis Cadillac pensa qu'il était temps qu'il s'en aille. Il dit au revoir à Marc qui ne le raccompagna pas vers la sortie. Sans doute avait-il besoin de rester un peu seul avec son rêve ?

Quand il fut dehors, Elvis se sentit soulagé, comme s'il venait d'échapper à quelque chose de terrifiant. De l'ordre du surnaturel. Cette cave grouillait de fantômes et il sentait encore leur souffle dans son cou. Il se retourna instinctivement, comme pour vérifier qu'il n'était pas poursuivi, quand il vit jaillir des flammes de la maison.

Malgré sa peur, il y retourna en courant, dans l'espoir de sauver Marc. Mais c'était trop tard.

La police retrouva son corps calciné sous les décombres. Et personne ne sut qu'il avait enfilé la robe de la mariée avant d'y mettre le feu.

55

Elvis allait mettre le feu aux poudres ! Il avait repassé son costume de scène et peaufiné sa banane qui reluisait pire qu'un soulier verni de communiante. La big night était arrivée. Il allait leur en mettre plein la vue, aux petits vieux ! Des paillettes, ils en auraient pour l'éternité. Pour lui, sosie, c'était non seulement rendre hommage à une idole, mais surtout donner du bonheur à des gens qui n'auraient jamais eu les moyens de s'offrir un concert du King s'il avait été encore vivant. C'était aussi le faire revivre, et même s'il ne lui ressemblait pas parce qu'il était plus petit et moins gros, une fois qu'il chantait - du mieux qu'il pouvait -, tout le monde oubliait qu'il n'en était que la copie. Être sosie, c'est être magicien. Son ami Johnny Cadillac, qui était venu l'écouter et lui ramener Priscilla, lui avait dit un jour : « C'est dans le regard des autres qu'on devient sosie. On donne du rêve. Si je repeins une cage d'escalier, les gens pensent que c'est Johnny qui fait des extras ! »

Ce soir-là, la salle était remplie et les petites vieilles - qui constituaient la majorité, vu que les femmes finissent toujours par avoir la peau des hommes - étaient sur leur trente et un. Certaines avaient même mis un chapeau ! Fallait faire honneur à la vedette. Il lui sembla qu'elles étaient particulièrement guillerettes. Était-ce la perspective de la soirée qui les mettait en joie à ce point ? Il eut la réponse à sa question quand il alla saluer la grand-mère de Lou : « Dites, les caricoles de Mme Cornemuse, elles sont extras ! Devriez essayer... Elle en a offert à tout le monde. Pour chauffer la salle, qu'elle a dit. »

Au moment où la lumière s'éteignit et qu'il ne resta plus que les feux de la rampe – ici, un spot éclairant une scène surélevée par des bacs de chimay –, Elvis éprouva une sensation extraordinaire, de l'ordre du mystique. Et chaque fois qu'il doutait de lui et avait envie de tout abandonner, il pensait à cet instant, à ce frisson pareil à celui qu'on ressent quand on est fou amoureux et nous donne la force de continuer notre chemin. Parce que la bonne route est celle qui nous rappelle la beauté des étoiles. Cette beauté qui nous fait chavirer au point de se fondre en elle et d'oublier la mort. La bonne route est celle qu'on choisit, sans se laisser influencer par personne.

Il commença par « I'll never let you go » et termina son répertoire par « Anyplace is paradise ».

> *Well I can take you in my arms*
> *And look into your pretty eyes*
> *Anyplace is paradise*
> *When I'm with you...*

Les vieilles dames avaient 20 ans et repensaient sans doute à leur premier amour. Ou au dernier. Elvis vit perler quelques larmes sur leurs joues ridées. Et rien que pour ça, il savait qu'il avait bien chanté.

Après sa séance d'autographes, il termina la soirée dans la camionnette de mémé Cornemuse, avec son pote Johnny qui fêtait son contrat avec les Rolling Langoustes, un groupe de rock qui venait d'Aÿ, en Champagne. La fiesta fut mémorable ! Ils vidèrent son stock de chimay et elle leur offrit un bol de caricoles, baignant dans son bouillon « maison ». C'est pétés comme des coings qu'ils s'affalèrent sur le divan miteux et poussèrent un roupillon jusqu'à midi. Au réveil, première chose qu'ils virent, ce fut la vieille qui les observait, l'œil brillant. Leurs souvenirs étaient brumeux...

— Dis donc, mon cochon, fit-elle en fixant Elvis, t'as des paupières comme des gosettes. Va falloir te mettre des compresses de camomille ou te faire un lifting. Sinon, avec la gueule que t'as, personne ne viendra à ton enterrement.

— Toute façon, répondit Elvis, j'me fais pas d'illusions. Y aura que mon chien pour suivre mon cercueil.

— Et encore ! railla la vieille. Faudra accrocher des saucisses au corbillard.

Allongée à ses pieds, Priscilla ronflait, la banane de guingois. Elle avait dû lamper les fonds de verres...

Johnny rentra chez lui en Trike, dans son chalet au milieu des bois, retrouver sa femme Cindy la rose.

Quant à mémé Cornemuse, elle continua un moment à sillonner les Ardennes. Sa réputation se répandit comme une traînée de poudre. De ville en ville, on parlait des effets extraordinaires de ses caricoles, allant jusqu'à prétendre qu'elles soignaient tous les maux, mieux que des médicaments. Elle se fit des couilles en or ! Et quand on la traitait de faiseuse de miracles, elle savait rester modeste – ce qui n'était pas sa principale qualité, mais elle avait appris à bien mentir, chose la plus utile pour elle dans la vie si on veut garder sa liberté – et répliquait qu'elle n'était rien à côté de Mac Lesggy qui transformait des cornichons en ampoules électriques !

Elle finit par se poser dans les dunes, face à la mer du Nord et décida de ne plus rien foutre, à part regarder voler les mouettes. Elle avait bien réfléchi à la pensée de JCVD : « Le chômage ça existe parce qu'il y a du travail. S'il n'y avait plus de travail, y aurait plus de chômage. Le problème, c'est le travail. »

Elle décida donc que ne rien faire était un acte civique. Elle avait assez bourlingué ; le temps était venu d'apprendre la paresse qui est tout un art et relève d'une grande sagesse si on sait apprécier chaque moment de la vie et se contenter de peu.

Elvis, lui, prit une grande décision. Celle de quitter définitivement la Belgique. S'il se sentait belge dans les tripes, par sa dérision, son humour noir et son goût pour le surréalisme, il avait néanmoins l'envie et surtout le besoin de changer d'air.

Les Marolles, au cœur de Bruxelles, était et resterait toujours son quartier préféré. Mais c'est une phrase prononcée par son amie Sylvie Godefroid, lors d'une interview à propos de son livre *La Balade des pavés*[1], qui lui avait donné le déclic : « Il faut considérer la vie comme un privilège. Ça permet de la vivre plus intensément. » Et il choisit de vendre sa maison de la rue du Chevreuil pour acheter un petit appartement à Montmartre, près de la rue Lepic. On lui apprit que là avait vécu le célèbre commissaire Léon[2], un flic qui tricotait en cachette, ce qui l'aidait à résoudre ses enquêtes. Elvis se sentit bien tout de suite dans ce lieu calme, qui donnait sur un jardin magnifique, caché par une grande grille verte. Et surtout, au bout de sa rue, il y avait un charmant bistrot, La Midinette, où on pouvait se régaler et bien rigoler. Il ado-

---

1. Paru chez Genèse édition. Sublime bouquin !
2. Toute la série du Commissaire Léon sort chez Pocket (10 volumes).

rait aussi aller manger à La Pomponnette, un des endroits les plus authentiques de son quartier, ou boire un verre le dimanche à La Mascotte avec Michou, ou encore aller voir des films au Studio 28, le plus beau des petits cinémas de Paris, décoré par Cocteau. Et le must, il pouvait y emmener sa chienne ! Certes, Montmartre avait changé en quelques années et les bobos avaient remplacé les travelos. Mais il restait un bastion d'irréductibles dont Elvis faisait partie. Avec son ami Raymond le bittologue (spécialiste en bittes qui longent les rues), il passait des soirées mémorables chez une jolie rousse pétillante et parfois explosive, mais d'une telle générosité qu'il en était tombé amoureux. Parfois, elle organisait des concerts dans son appart, et il chantait devant une assemblée de copains constituée d'artistes, de clowns, de travelos... Il aimait ces gens authentiques, complexes, mais qui avaient le sens de la fête.

Les Français adorent la Belgique, parce qu'ils en ont encore une image de carte postale. Lui, qui y était né, ne retrouvait plus ce qu'il avait tant aimé, à part dans quelques villes comme Namur et Bruges ou dans certains quartiers de Bruxelles. La mer du Nord avait été défigurée par les promoteurs immobiliers. Et Liège avait été assassinée par une affreuse gare de mégalo, pleine de courants d'air. Peu à peu, cette pieuvre avait englouti les petites ruelles pleines de charme, et l'âme de la ville s'était envolée.

Elvis adorait la France. C'est quand même le seul pays où tu peux parler de Gauguin avec le facteur. Essaie ça une fois en Belgique !

Quand il sortait sa chienne le soir, il croisait souvent un chauffeur de taxi qui habitait l'immeuble voisin et lui faisait toujours un grand sourire en lui adressant un petit signe de la main. Il ne l'avait jamais vu qu'au volant de sa voiture et se demandait s'il serait capable de le reconnaître dans la rue. Le sourire de cet homme effaçait tous les tracas de la journée. Puis y avait Sonja, la concierge alsacienne qui rigolait tout le temps. Un vrai soleil, celle-là ! Ces gens sauraient-ils jamais à quel point ils lui faisaient du bien ?

Par un de ces doux soirs d'automne, en traversant le Pont-Neuf, célébré par Léos Carax[1] qui y avait immortalisé ses *Amants* dans un très beau film avec Juliette Binoche, il croisa Lou. Il lui semblait qu'il l'aurait reconnue entre mille tant elle lui avait trotté dans la tête. Elle était devenue comme ces petites lumières de réverbères, qui scintillaient sur la Seine pour y parsemer de fragiles étoiles.

Il fut d'abord tenté de la suivre, de lui parler.

Et si jamais...

Si jamais ce n'était pas elle ? Il choisit de poursuivre son chemin et de garder ses illusions. Car qu'est-ce qu'une vie sans illusions ? Il entendit la voix du King lui murmurer :

> *One night with you*
> *Is what I'm now praying for*
> *The things that we two could plan*
> *Would make my dreams come true*[2]...

Et il imagina que les longs cheveux de cette femme, qui n'avait peut-être existé que dans son rêve, l'enveloppaient de ses ailes d'ange rouge pour le protéger de la cruauté des hommes.

---

1. Le vrai nom de Léos Carax est Alex Christophe Dupont (neuf) de Nemours. Il a bien fait de prendre un pseudo, hein !
2. Une nuit avec toi, / C'est ma prière / Tout ce que je peux imaginer faire avec toi / Serait la réalisation de mes rêves...

Je remercie ma dame de cœur et éditrice Valérie Miguel-Kraak qui m'aide à maintenir le cap et à mener mon navire de pirate à bon port ; mon agent et ami Patrick Leimgruber pour ses précieux conseils (dont celui de boire de la chimay...), tous ceux qui contribuent à faire en sorte que ce roman existe ; Patrick, l'homme de ma vie, mes fils que j'adore. Clin d'œil à mon Raphaël avec Joël Bermude, un personnage qu'il a inventé et qui m'a inspiré cette histoire. Merci aussi à mon Geordy de me faire partager ses coups de cœur. Enfin, merci à mon petit chien Léon, qui me rassure et se cache sous mes jupes quand j'écris. Tellement mes romans lui foutent la trouille ? Ou parce qu'il est amoureux de moi ? Sûrement pour cette raison. N'ai-je pas dit qu'il fallait garder ses illusions ?

Composition et mise en pages
Nord Compo à Villeneuve-d'Ascq

Achevé d'imprimer en avril 2017
par Normandie Roto Impression s.a.s.
61250 Lonrai
N° d'impression : 1701304

Fleuve Éditions, une marque d'Univers Poche,
est un éditeur qui s'engage pour
la préservation de son environnement
et qui utilise du papier fabriqué à partir
de bois provenant de forêts gérées
de manière responsable.

Fleuve Éditions
12, avenue d'Italie
75627 Paris Cedex 13

Dépôt légal : mai 2017
R11637/01